SERVICIO PÚBLICO Y SOCIEDAD

Felipe Lopez Moreno

1

Servicio público y sociedad.

Felipe López Moreno.

Registro de propiedad intelectual: V-486-15
ISBN: 978-1512060386
Depósito Legal:
Diseño de portada: Óscar Ruiz Casanova

Indice

Pronunciamiento.

Desarrollar los temas de este libro es compartir la experiencia de mi vida laboral en la Administración, a ella debo el bagaje acumulado en el periodo que he prestado servicio a los ciudadanos desde mi puesto de trabajo.

El sueldo del funcionario no lo satisface un partido político, lo paga la sociedad que es el patrono ante quien rendir cuentas. Otra concepción del funcionario distinta a la de ser trabajador de la sociedad es falsa, por más que en ese caso pueda beneficiar a quien la tenga.

Compartir la experiencia en los años de trabajo en la Administración Pública es un acto debido, ha sido quien me ha procurado el sustento. Intento hacerlo con asepsia aunque mis vivencias están imbuidas de mi forma de ser, pensar y ver la vida.

Como la experiencia vital de cualquier persona, la mía está marcada por mi originalidad. Originalidad que ha de entenderse como conjunto de actos de un individuo. Desde este punto de vista todos somos originales y únicos.

Prólogo.

La mayor empresa de España es el Estado, conjunto de instituciones para atender a los ciudadanos. Él es quien tiene la responsabilidad de hacer real la equidad con los servicios públicos, motivo principal de su existencia desde que se puso en marcha la idea del Estado del Bienestar.

El Estado, la representación ideal de la sociedad, es quien ha velado por su estabilidad atemperando las diferencias que el ser humano crea, quien ha de frenar desigualdades surgidas del egoísmo del hombre que, como dijo Hobbes, es "Lobo para el hombre".

Desde las grandes guerras hasta la actualidad el Estado ha regulado la sociedad a través de los servicios públicos, y ha ido agrandando sus contornos consiguiendo que la dignidad de las personas sea realidad visible en un porcentaje importante de la población.

Esta tendencia lleva siendo cuestionada unos cuantos años en el mundo occidental. Las razones pueden tener su germen en el olvido de las catástrofes ocurridas hace setenta años, cuando la lucha generalizada perseguía dominar, acumular riqueza e imponer ideas o pareceres que hicieron olvidar la igualdad de los seres humanos desatando la barbarie sobre ideas de raza, religión, avaricia y codicia.

El estancamiento del desarrollo económico, el aumento de la expectativa de vida, la longevidad y el egoísmo de las clases dirigentes, políticos, banqueros, financieros y empresarios de gran volumen económico, ha permitido empezar el camino inverso al realizado en los últimos cincuenta años en el ámbito de la equidad. Lo que se está pretendiendo, cuando menos, es la disminución de la dimensión de los servicios sociales a cargo del Estado, para que no sea éste quien los gestione sino que su gestión esté en manos de la clase dominante, sin freno en sus deseos de control de la economía y de la sociedad.

El mundo occidental está en crisis pues su principal valor está siendo cuestionado. La solidaridad, base del Estado del Bienestar, está cada día más lejos de la utopía que mejoró el mundo. Esta responsabilidad hay que atribuírsela a los dirigentes políticos que han perdido la visión de la misión para la que fueron elegidos y consienten que cada día sea más real la dicotomía dominadores y dominados, amos y esclavos.

Cada día se agranda la diferencia entre quienes más tienen y aquellos que apenas poseen nada, poniendo de manifiesto que sólo un afianzamiento en valores humanos puede paliar el sufrimiento de gran masa de la población que carece de lo necesario para vivir, porque la otra parte usurpa los bienes que le corresponden por dignidad.

Los dirigentes justifican sus pretensiones de hacer más pequeño el Estado en que no puede atender las necesidades de todos los ciudadanos, declarados súbditos. Los ingresos que obtiene son insuficientes para satisfacerlas. Esto es una excusa para poder gestionar desde el pensamiento neoliberal, riqueza y beneficio a ultranza para quien lo consiga.

Los ciudadanos han de saber que si los servicios públicos se dirigen desde lo privado disminuirán en cuantía y calidad. La gestión privada lo que busca es el beneficio económico, cuanto mayor mejor. El pensamiento neoliberal, que implica una radical desigualdad, viene argumentando que el Estado debe ser cada día más pequeño, eso si, gobernado, manejado y manipulado por quienes defienden esta teoría. Un Estado más pequeño dejaría a más gente sin amparo, hay personas que por no tener no tienen ni posibilidades de tener, los dirigentes de la sociedad la han conducido por caminos contrarios a la equidad.

Lo anterior no quiere decir que el Estado deba llegar a todo, que todo lo vigile, que todo lo tenga. El Estado debe ser coherente con sus fines, vigilante de su comportamiento y del de los ciudadanos, cumplidor estricto de sus propias reglas buscando la dignidad de todas las personas para acortar diferencias que pueden producir inestabilidad en la sociedad.

El Estado Social debe ser la base de la convivencia y, en consecuencia, ayudar a conseguir la felicidad de todos.

No es asumible que sólo unos pocos, el diez por ciento de la población, acapare en sus manos el noventa por ciento de la riqueza. Es urgente repensar las reglas de comportamiento de la sociedad para que toda disfrute de un mínimo de dignidad que eleve su autoestima, aleje el fantasma del sufrimiento y potencie la paz. Un informe de Oxfam, 19.01.2015, dice que en el año 2016 el 1% de la población mundial tendrá más riqueza que el 99% restante.

Pero el Estado no es inagotable, los recursos son limitados. Por ello ha de primar la racionalidad en el uso que se hace del sistema público del que somos accionistas, porque pagamos impuestos.

El resumen al que deberíamos llegar ha de estar presidido por los valores que hacen posible a las personas tener una vida digna con la intervención necesaria del Estado, garante que, cumpliendo unas reglas estrictas, ha de procurar que todos disfrutemos los derechos que otorga la Constitución.

Los derechos sociales son sostenibles si la actuación de todo el entramado social respeta los principios de actuación marcados en las leyes y asume el compromiso de colaborar al sostenimiento común según sus posibilidades, sin conculcar la legislación fiscal ni cualquiera otra.

Para llevar a feliz puerto el barco social está instituida la figura del funcionario, éste debe ser garantía de la equidad. Su destrucción implica retroceso en los logros alcanzados en los últimos años por una sociedad necesitada de solidaridad.

1.- Quién y qué es un funcionario.

Funcionario es la persona que decide ser trabajador de la Administración Pública y tras superar un proceso de selección lo consigue. Es quien, pasadas las pruebas establecidas para el acceso, ejerce su trabajo en alguna institución del Estado, sometido a las normas de la organización pública. A partir de ese momento, el funcionario se convierte en asalariado de la sociedad que pasa a ser su patrono.

La Constitución, en su artículo 103, 3 dice: *"La ley regulará el estatuto de los funcionarios públicos, el acceso a la función pública de acuerdo con los principios de mérito y capacidad, las peculiaridades del ejercicio de su derecho a sindicación, el sistema de incompatibilidad y garantías para la imparcialidad en el ejercicio de sus funciones".*

El acceso de una persona a un puesto de trabajo del sector público está regulado para que, si se cumple la ley, llegue a ser nombrado trabajador de la sociedad el que haya resultado ser el mejor de quienes lo hayan intentado.

Como tantos otros actos que una persona realiza en su vida, ser funcionario implica ejercicio de libertad y exige un esfuerzo adicional para mejorar su preparación intelectual y competir con garantías de éxito. Conseguirlo supone participar en una competición que, como todas las competiciones, es selectiva.

Ser funcionario implica una filosofía sobre la vida. Supone aceptar que quien lo consiga no va a disponer de grandes cantidades de dinero para gastar, tendrá que haber decidido vivir con sencillez, sin pretensiones de gastos importantes, porque su sueldo a duras penas le va a dar para llegar a fin de mes aun haciendo continuos ejercicios de austeridad. La contraprestación a esta elección le hará disfrutar de la vida desde una perspectiva más pacífica y tranquila en la que el estrés tenga poco lugar, y optar por el ser en vez de por el tener. Cuál de las dos opciones sea más importante es algo a determinar por cada persona.

El valor seguridad tiene un peso importante en la decisión de ejercer una opción de vida. Hay personas para quienes su proyecto vital requiere de la "estabilidad" que proporciona ser trabajador público.

La estabilidad es uno de los pilares en que se sustenta la garantía del comportamiento del funcionario con quienes acudan a él para recibir servicios, sea auxiliar de enfermería, matrona, médico, policía, guardia civil, bombero, maestro, catedrático, soldado, conductor de tren, ordenanza, técnico en leyes, economista, abogado, magistrado, vigilante de montes o cualquiera otra profesión y categoría a través de las que el Estado ejecuta sus competencias.

Otro valor en que descansa la figura del funcionario es la **equidad,** dar a cada uno lo que le corresponde.

Lo que corresponde a los ciudadanos desde la perspectiva del funcionario es un trato igual porque son ellos quienes, con sus impuestos, pagan los servicios que éste presta y todos acuden a él en pie de igualdad según el artículo catorce de la Constitución.

Funcionario es la persona que realiza tareas enmarcadas en unas pautas de comportamiento sometido a los principios de eficacia, eficiencia y pleno respeto a la ley. Representa y obliga al Estado según su responsabilidad trazada en las leyes. Sus actos laborales han de transcurrir por las vías previstas en la legislación.

A lo largo de la historia, el trabajador público, funcionario, ha estado sometido a diversas consideraciones por parte de la sociedad, su reputación ha ido del aprecio al desprecio. Bien es cierto que estas valoraciones que la sociedad ha manifestado hacia los funcionarios públicos han sido inducidas por los gobiernos democráticos de cualquier signo.

Decir a la sociedad que los funcionarios son causantes de los males de la economía ha sido una patraña utilizada por los gobiernos. Al pasar el tiempo se comprueba que se quería desviar la atención de temas problemáticos para los políticos. En río revuelto siempre tiene cabida aquello de "quítate tú para que me ponga yo". Así se coloca a amigos, familiares y compañeros de partido, sin control de ningún tipo ni respeto a los principios constitucinales. La consecuencia... está a la vista.

¿Quién controla al controlador si burla la ley?

Funcionario es la persona que ejecuta los procedimientos marcados en la ley, los protocolos diseñados científica y legalmente allí donde existen, y las ordenes de los superiores siempre que éstas no vulneren las leyes.

El funcionario tiene pautado su comportamiento aunque la actividad política ha procurado pervertirlo. Los políticos intentan que decida siempre a su favor y no al de la ley. Por eso es imprescindible reforzar las leyes y vigilar más estas actuaciones para que la sociedad no resulte lesionada por acciones tendenciosas a favor de intereses particulares o de grupo, en detrimento de quienes no forman parte de colectivos susceptibles de mejoras por las actuaciones de políticos al uso.

Los políticos prepotentes han forzado decisiones en su favor, o en el de su "grupo", aunque luego las han achacado a quienes, siguiendo las ordenes recibidas, han ido conformando el procedimiento trazado por las leyes, ejemplo: la decisión de trocear contratos para evitar determinados controles, una vez decidida la ilegalidad piensan que todo queda arreglado por los funcionarios. Lo siguiente es fácil, todo lo hicieron éstos, inclusive la decisión de la ilegalidad. Lo más grave es que se lo creen. Los malos políticos que con su arbitrariedad han dado apariencia de legalidad a lo que es ilegal pretenden luego que si hay responsabilidad recaiga en los funcionarios, no pocas veces se oye en procesos judiciales argüir " seguía informes de los técnicos".

El caso más clamoroso es aquel en que el Presidente de una Comunidad Autónoma, o el del Gobierno Central, no tiene capacidad de contratar en nombre de la institución de la que es el responsable y delega y ordena que otros firmen por él.

El funcionario es un trabajador, como tal está sujeto a un código de conducta y a unos valores que le harán reconocible como miembro de una organización. Desde la mera calificación de trabajador, no tiene diferencias respecto a cualquier otro que preste sus servicios en una empresa privada, éstas estarán determinadas por la diversidad de fines y garantías que sean exigibles en cada entidad. Al funcionario le es exigible por la sociedad, que es su patrono, el comportamiento determinado por la Ley y, bajo los principios de organización del trabajo, desarrolla la actividad para la que se le seleccionó recibiendo la retribución estipulada.

Ser funcionario tiene una connotación especial respecto a cualquier trabajador. Además de trabajador de una entidad es condueño de la misma, la organización le pertenece, ésta se nutre de impuestos y él los paga como cualquier ciudadano, es accionista o empresario de la organización para la que trabaja. La diferencia hace de él un trabajador especial que, además de las obligaciones de cualquiera persona al servicio de una empresa, ha de desarrollar otras que le corresponden como dueño de la misma. Ser propietario determina un código de conducta distinto a los asalariados de otras organizaciones.

Al accionista, lo que le interesa por encima de todo es el beneficio económico. El funcionario tambien ha de buscar el beneficio de su empresa, pero éste no tiene características económicas que cuantificar en monedas. El beneficio que ha de buscar es el social, el que obtiene la sociedad después de que todas las actuaciones previstas en la ley de presupuestos, y en el resto del ordenamiento legal, se hayan ejercido en un periodo determinado.

Su comportamiento ha de estar presidido por la asepsia respecto a lo que marcan las leyes y por la crítica hacia comportamientos que estime no se ajusten a la ley, sean ejercidos por funcionarios o por los responsables temporales de la organización, los políticos. Esta crítica ha de ser ejercida como la que realizan los accionistas en asamblea al analizar la marcha de sus empresas y dar su conformidad, o denegarla, a las actuaciones de los responsables que alcanzan los objetivos marcados.

Este comportamiento que debería ser el ideal de todo trabajador se ve sometido a presiones y anomalías por la visión que de la organización tienen los responsables políticos, que se adueñan de la empresa al desembarcar en ella tras las elecciones, a veces ayudados por funcionarios que ejercen puestos de mando intermedios y que ponen sus miras al lado de quien llega a gobernar temporalmente la organización. La colaboración es mayor si la ocupación de la administración se prolonga y los mandos intermedios se asientan en tiempos paralelos en sus puestos de trabajo a los de los políticos.

Para evitar lo anterior debe regularse la capacidad que tienen los políticos de cambiar las normas de coberturas de puestos. La ayuda a la independencia de los funcionarios es beneficiosa para la sociedad. Funcionario es la persona que vigila y se compromete con el sentido común ajustado a la ley.

Esto no implica anular la política, lo que hará inviable es la marrullería de los partidos y sus huestes para perpetuarse en el gobierno, sea del signo que sea.

Con los boletines oficiales en las manos, los políticos, al ocupar el poder ganado en las urnas cambian, olvidan las promesas, empiezan a sentir que el destino les ha puesto allí como salvadores de la sociedad. El servicio público prometido es analizado para ver qué ventajas puede proporcionar. A partir de ahí empiezan a aparecer instrumentos de marketing, publicidad, propaganda y palabrería fácil aderezados con tintes ideológicos cuyas consecuencias son la perversión de la política. La sociedad pierde la partida del conocimiento en beneficio del mareo que, debidamente ideologizado, permite seguir emitiendo el voto en el sentido que le orienten con mensajes increíbles pero asumidos por una sociedad distraida. Parece mentira que una población teóricamente madura haya escuchado tantos cantos de sirena durante años haciéndose eco de ellos.

Puede decirse que la forma de acceso para desempeñar puestos de trabajo público es arcaica y por tanto obsoleta. La memoria es un factor para acumular conocimientos que ayuden a aprobar una oposición pero no debe primar de forma principal sobre otros componentes de preparación y actitudes para desempeñar un trabajo al servicio público. Sea cual sea la forma para acceder al desempeño de un trabajo público ha de estar totalmente reglada sin dejar resquicios a los gobernantes de turno que cada día sienten más la organización pública como patrimonio, ni a funcionarios cuya actuación bordea la actuación política.

Al confundir los términos público y privado, los políticos demuestran que lo público y su gestión les pertenece, para ello se rodean de personas que creen leales, aunque confundan ser leal con ser lacayo. La administración, entonces, pasa a ser un instrumento en manos de los políticos que en vez de servir a la sociedad se sirven de ella.

Es de suma importancia regular meticulosamente la forma de elección de los trabajadores públicos para evitar caer en los defectos que ayudan a hacer un sociedad injusta.

Las leyes que regulen la denominada función pública han de estar blindadas para evitar ser manejada por los gobiernos.

Le iría bien a la sociedad limpiar las telas de araña urdidas mientras pensaba que lo público no era de nadie.

Ventajas e inconvenientes.

Desde el análisis del trabajo del funcionario, dado que lo realiza en nombre de la sociedad, por la sociedad y para la sociedad, las ventajas han de identificarse como la garantía de equidad con que ésta recibirá el fruto de su servicio.

Al ser un trabajo obtenido de forma voluntaria, tras la superación de unas pruebas de aptitud, las ventajas serán las que el trabajador público reciba mediante la contraprestación pecuniaria en concepto de sueldo. Más allá de la retribución, ser funcionario implica un estatus que puede traducirse en cierta estabilidad al considerar su trabajo como indefinido, dotado de derechos consolidados al momento de adquirir esa condición y que hace posible una vida, en términos generales, sin sobresaltos.

Los inconvenientes vienen dados porque el ejercicio del mando en la función pública lo realizan los políticos, personas nombradas por los partidos que han obtenido el poder en las urnas y cuyos criterios no suelen coincidir con los objetivos de la organización que se dedica a prestar servicios a la sociedad. A veces hay suerte y quienes ejercen el mando resultan gratamente sorprendentes. Ha de regularse el nombramiento de los mandos políticos en la organización pública, es un buen servicio a la sociedad.

Cuando el funcionario, como cualquier trabajador, quiera saber la importancia que tiene en su vida el trabajo deberá analizar los conceptos de actitud y aptitud. La **aptitud** le sirvió para acceder y desempeñar un trabajo con los conocimientos que acumuló en su formación y que encajaban con un temario exigido para desarrollarlo. La **actitud** es la condición con que ejercerá ese trabajo a nivel de sentimiento de implicación, de tal manera que ésta será el resumen de su visión de la vida y de su entrega a una causa que justifica sus ingresos para vivir. La actitud ante el trabajo no diferirá mucho de la que tenga día a día en el resto de circunstancias que le rodeen. Trabajar a gusto es parte de la felicidad esencial para el desarrollo global de la persona. Esa actitud es la que determina la visión de la vida que cada uno tiene y por tanto la filosofía de conducta. Como resumen de esta tesis puede traerse a colación el texto siguiente:

Una persona pasó por un terreno lleno de escombros producidos por un bombardeo sobre la ciudad de Dresde, y vio a tres obreros trabajando.
¿Qué hacen ustedes?- preguntó.
El primer obrero se volvió:
¿No lo ve? !Estoy retirando estas piedras¡
¿No lo ve? ¡Me estoy ganando el salario!- dijo el segundo.
¿No lo ve?- dijo el tercero. ¡Estoy reconstruyendo una catedral!
(Del libro de Paulo Coelho "Ser como el río que fluye")

Lo anterior influye en la calidad de vida del trabajador. Si se diseña una escalera sobre la vida nos encontramos con algo parecido al esquema siguiente.

Calidad de vida.
Felicidad.

Satisfacción.

Sentimiento de propiedad.

Sentimiento de implicación.

Sentimiento de pertenencia.

Ajenidad.

Cuanto menor sea el sentimiento de apego que tengamos hacia alguna persona o cosa, menos nos importará, mayor será la indiferencia que sentiremos hacia ella. No existe efecto de llamada ni afecto y por tanto nada nos hará sentir. La relación entre sujeto y cosa, o entre sujetos en este caso, es nula y por ello no existe consecuencia favorable para los implicados.

Para que se dé cualquier tipo de relación entre personas, o entre personas y cosas, ha de existir un nexo de atracción, si no se da, lo que existe es una posición de **ajenidad** incapaz de generar sentimientos para que la relación tenga un mínimo de calidez. Si pudiéramos evaluar la calidad de la relación en esta situación le pondríamos un cero. No hay ningún sentimiento, por tanto el nivel de satisfacción personal no puede detectarse, no existe. La calidad obtenida por el individuo en quien no se produce sentimiento respecto a algo o a alguien no puede medirse, no se aprecia.

La relación entre personas, o personas y cosas, subirá en calidad cuando exista **sentimiento de pertenencia**. Sentirse perteneciente a un grupo representa un compromiso con éste, se pertenece a una familia, a un grupo de amigos, a un club, a una organización, etc. Este sentimiento implica un grado de protección y proyección. Hay una singularización por la que nos van a conocer, es una seña de identidad que distingue respecto a otros, trabajar en una empresa determinada, llevar una insignia que identifica como miembro de un colectivo, vestir unos colores, pertenecer a un pueblo, a un país...

La protección la ejerce el grupo sobre los individuos que lo integran. Aunque al principio no se produce una relación sin condiciones, doy sin que me den, sí que implica compromiso pues en el grupo existen unas reglas implícitas, o explícitas, de comportamiento. Si las acata, el individuo tiene garantía de satisfacción por el deber cumplido.

Cuando en el individuo crece la satisfacción obtenida por pertenecer a un grupo, sube su calidad de vida, se llena de orgullo, se siente protegido, querido, a gusto. Su satisfacción no depende sólo de sí mismo sino que en ella influyen con determinación los líderes o puntos de referencia. La existencia y necesidad de éstos para hacer funcionar a la organización, sea grupo, familia, empresa u otro colectivo, imprime un estilo que puede resultar potenciador de la felicidad o un freno para la misma, por eso es esencial la elección de un buen líder, sea cual sea el grupo.

El individuo da un paso más, siente que aquel grupo no es sólo la entidad a la que pertenece sino que lo considera suyo, se implica decididamente en él para conseguir objetivos que cada día suponen un nuevo reto de superación. Con este sentimiento, el individuo ya no pertenece a una familia, a un grupo, a un club, a un pueblo o a un país, se apropia de esos conceptos, los hace suyos, son su esencia y razón de ser. La alegría que le revierte el grupo procura más felicidad. Ese **sentimiento de propiedad** agudiza la entrega y empuja a un comportamiento que le hace estar más contento, menos tenso, más dispuesto a ir en la misma dirección que lo hace el grupo para alcanzar objetivos comunes.

La escala en los sentimientos añade valor para sí mismo y para el grupo. El individuo es más feliz y el colectivo también.

A partir de aquí la calidad no se busca, nace sola porque el grupo toca la misma música y la satisfacción generalizada la mejora constantemente.

La calidad del grupo será fruto de la entrega de cada uno de sus miembros y revertirá beneficio a todos los individuos que lo formen, porque el grupo como tal no existe, existen los individuos, el grupo es la suma de ellos.

La calidad produce dicha aunque conseguirla no es gratis, cuesta esfuerzo. Es un regalo que cada uno ha de hacerse, un premio por desarrollar sentimientos que le identifican como persona más allá del tener y poseer.

El deber bien hecho proporciona bienestar que se traslada al grupo de forma automática, la entrega a éste retorna lo que se le dedica y lo hace con creces, es cuestión de decidir si se quiere seguir el rumbo de la felicidad.

Para conseguir lo anterior y lograr la calidad de vida que buscamos a lo lago de nuestra existencia, no estaría de más dedicar cada día unos minutos a reflexionar sobre qué somos, qué sentimos, qué vivimos, qué hemos de corregir. Propongo para reflexionar el texto de Noche de Bodas, canción escrita por Joaquín Sabina.

2.- Políticos.

A lo largo de la historia, la función pública ha pasado por diversas etapas en la cobertura de sus puestos de trabajo. En alguna época ha sido utilizada por el gobernante de turno para dar ocupación a sus afines de ideas y familia. Esto, conocido como nepotismo, suele ser la perpetua tentación de quienes ejercen el poder porque, con independencia de lo que predican cuando pretenden alcanzarlo, etiquetan puestos de trabajo como de confianza para conseguir pleitesía, reverencia, sumisión y adulación, ingredientes que alejan a quienes lo practican de la realidad y que son nefastos para la sociedad, pues pierden la objetividad que se espera de ellos.

No quiere decir lo anterior que todos marchen por esta línea, pero la visión de la vida que les traslada su organización pasa por imbuirles que son quienes tienen razón, quienes mejor ejercen el poder y pueden moralizar a la sociedad.

Por desgracia, como se ha puesto de manifiesto en los últimos años, la honorabilidad de algunos partidos está a ras del suelo por confundir lo público con lo privado, el servicio con la oportunidad de hacer negocio y con el servilismo.

Hay conceptos sagrados como rectitud, servicio y entrega que ha desaparecido de la escena, aunque la propaganda intenta hacerlos ver como realidad virtual con que manipular a los ciudadanos.

Los políticos procuran destruir la asepsia de la ley con adhesiones personales de gentes dispuestas a mantener cierto estadio dentro de la organización, aunque de vez en cuando tengan que mirar para otro lado. Esto es fruto de la condición humana que utiliza la memoria selectiva para olvidar las promesas a la vista de las oportunidades que ofrece la gestión de lo público y su patrimonialización.

Utilizar un lenguaje alejado del Derecho Administrativo ha supuesto la quiebra de la objetividad en el comportamiento de un gran número de personas que prometieron dedicarse con honestidad al servicio público de la sociedad. Ésta ha de ser la beneficiaria de su sano ejercicio, nunca sujeto pasivo de las oportunidades que sean capaces de idear los políticos para aprovecharse de ella que, crédula, fue haciendo dejación de su capacidad crítica y se entregó confiada permitiendo el expolio de bienes y derechos que se acumularon con años de esfuerzo.

La situación de la sociedad actual es de pena, da escalofrío compararla con la de hace años. Debe analizarse quienes son los responsables reales de la situación y, con independencia de exigirles formalmente su responsabilidad, trazar un rumbo nuevo en el que la vigilancia de los comportamientos políticos sea asignatura fundamental ya desde la escuela.

Para evitar situaciones derivadas de lo dicho está la figura del funcionario, no hay que recurrir a argucias ni patrañas, simplemente hay que reforzarla en vez de intentar eliminarla.

Desde hace años, a la sociedad se le vende gratis la idea de que los funcionarios son malos trabajadores. Esto, que sencilla y llanamente es mentira, lo ha admitido como cierto porque los políticos a quienes ha votado le han grabado esa idea en el cerebro. Los políticos han ofrecido a los funcionarios como responsables de la crisis y carnaza para evitar hablar de las soluciones que la sociedad requiere y para lo que, en general, no están preparados.

Ocurre que la sociedad recibe este mensaje con alegría, le dan enemigos gratis contra quienes dirigir su rabia, incapaz de pensar que quien echa siempre balones fuera y la culpa a los demás se declara inepto. La actuación política del "...y tú, más" debería descalificar a quien la ejerza por más que un sector de la población aplauda su ejercicio.

Este mensaje ha justificado un ingente crecimiento del gasto público facturado por empresas creadas al rebufo de la mentira, con pingües beneficios para quienes han sabido aprovechar la coyuntura. Los dueños de estas empresas no persiguen hacer realidad los objetivos de la función pública, buscan los suyos particulares que no coinciden con los que tienen encomendados los gobiernos cuya obligación es prestar el servicio público lo más razonablemente posible.

La administración ha de contar con sosiego y permanencia en todas sus actuaciones, sin embargo encomienda misiones importantes a empresas externas como es el tratamiento de la información, campo fácil para hacer proyectos caros que los responsables elegidos presentan y defienden como mejora de la reorganización que a veces alargan, modifican y revisan con tal de producir mayores beneficios económicos.

La organización no puede estar en permanente cambio, el negocio por el negocio y las ideologías mareantes son nefastos. Por desgracia estamos habituados a cambios permanentes para que nada cambie o, en todo caso, lo haga a peor, basta mirar la educación.

Debe fijarse con nitidez la frontera entre lo que es y no correcto en lo público. Potenciar la confianza en el cuerpo fijo de funcionarios es la garantía que la sociedad necesita para tener seguro que sus impuestos son gastados con corrección. La sociedad no merece discursos en contra de nadie sino información veraz y responsable de en qué se gasta su dinero.

La organización tiene instrumentos para controlar a sus trabajadores fijos, en cambio cuenta con menos para hacerlo con los trabajadores eventuales, que son los políticos, por eso ha de apostarse por aquellos, son garantía de la equidad que marque la ley para la prestación de los servicios públicos.

Para corregir las disfunciones que se dan en el ámbito laboral de la Administración cabe plantear reflexiones del estilo de las que se relatan a continuación relacionadas con la ley y los políticos y su conceptuación como padres de familia de la sociedad.

La ley y los políticos.

La ley es el instrumento que organiza el comportamiento de la sociedad que no tiene por qué fiarse de nadie. Por ello fija reglas de juego que permiten tener cabida en ella cumpliendo unos determinados valores, cuya transgresión determinará el resarcimiento a la sociedad mediante la condena.

Un axioma tan simple que tiene por fundamento el interés general parece olvidado, sobre todo, por los poderosos. Hay un sentimiento enraizado en la población de que están excluidos de cumplir con esos valores.

Un país que no cumple sus propias leyes es un país que se construye sobre pillos, un país poco de fiar, un país ni serio ni creíble. Claro que estas caractarísticas hay que atribuirlas a quienes tienen en sus manos la responsabilidad de guiarlo y lo hacen por senda equivocada. Si quien más obligación tiene de cumplir la ley por estar en el vértice de la pirámide de la sociedad se escapa de ella... Hay que poner trabajadores a vigilar, el beneficio de la sociedad será mayor que el del coste que produzca.

Si la ley se hubiera cumplido en toda su extensión en las Comunidades Autónomas, en los Ayuntamientos y en el propio Estado, no hubieran surgido los desaguisados económicos que han desembocado en esta crisis de la que uno de sus pilares fue un comportamiento interesado lleno de ardor partidista.

La inexistencia de verdaderas leyes de transparencia ha hecho posible la falta de responsabilidad por su gestión de algunas personas que han dirigido las finanzas de las distintas entidades públicas,no por haberse lucrado sino por no haberse opuesto a los designios del gobernante de turno. No ha habido mesura ni control. La actividad política sin freno ayudó a la creación de la crisis económica que ha deteriorado el progreso social conseguido.

A pesar de la realidad actual, los políticos no responden, no hay responsables de la situación. La culpa parece ser de quienes miran boquiabiertos cómo la prensa de los últimos años está llena de noticias que dan vergüenza.

Hay que regular la responsabilidad de quienes ejercen la actividad de representación política y gobierno en cualquiera de las instituciones públicas, para que no se produzcan hechos que erosionen la convivencia social No puede seguir la idea de que todo vale con tal de conseguir votos, ni asumirse como normal la mentira, por esa senda la sociedad camina a su desintegración. La falta de transparencia en el desempeño de la ley hay que tipificarla y penarla si procede.

El pueblo tiene necesidad de creer, de fiarse de aquellos a quienes ha elegido como su alter ego para que le ayuden, le dirijan y mejoren su situación. Por otra parte, hay que liberar al país de pillos, o marcarlos para imposibilitar sus acciones contrarias a lo que prometieron.

La solución está inventada aunque los políticos tratan de anularla. La figura del funcionario puede frenar los disparates de los políticos y sus allegados. Pero la sociedad ha asumido que las proclamas de sus líderes son ciertas y han visto esta figura como enemigo, cuando es su garantía.

Por el servicio debido a la sociedad, la organización de la Administración debe estar regulada con precisión para evitar los envites de las distintas oleadas de políticos que se suceden, siempre con el mensaje de que son los mejores.

La existencia de una tierra de nadie en la pirámide hace muy vulnerable la organización y quien pierde es la sociedad. Por ello es imprescindible apoyar a quienes ejercen puestos de enlace con los políticos, regular su actividad contra la posible arbitrariedad de quien llega a ejercer el poder.

Por otra parte, debe limitarse el tiempo en el ejercicio de cargos públicos. Hay males que padece la sociedad derivados del elevado tiempo de permanencia en el ejercicio del poder.

Debe limitarse el tiempo para ejercer cargos de relevancia institucional como el Gobierno, las Alcaldías de las grandes ciudades, los puestos directivos de instituciones cardinales del Estado, presidentes autonómicos y la pirámide directiva de sus instituciones.

La profesionalización de puestos de trabajo significados en el ámbito politico público puede alejar de la realidad a quienes los ejerzan e impedir la justa y necesaria renovación generacional.

Los políticos son algo más de lo que se expresa con esa palabra que hoy produce sensación de hastío. Los políticos son trabajadores de la empresa que forma el Estado. Su figura ha de estar regulada con todo detalle para evitar sobresaltos por comportamientos injustos, deshonestos o ilegales. Quien inicie una actividad política debe ser inspeccionado a su llegada y salida y recibir conformidad a su gestión, debiéndose publicar su patrimonio y renta en los dos momentos por si procediera algún tipo de acción.

El político como líder y buen padre de familia.

La sociedad necesita líderes. Hay quienes quieren serlo y se ofrecen a través de los instrumentos que la propia sociedad ha creado para gobernarse, los partidos políticos. Cuando son elegidos se hacen depositarios de la confianza común. Con lo que no cuenta la sociedad es con la mentira con que suelen impregnarse los mensajes de los aspirantes a líderes, válida para deslegitimar al elegido una vez comprobada. La relación entre elegidos y electores deber ser de confianza y verdad, si se rompe ha de provocar la expulsión automática del elegido porque su nominación la consiguió con engaño.

Hay elegidos que al poco tiempo de su elección se sienten imprescindibles, la sociedad sin ellos no tiene futuro, dan vueltas a sus pensamientos y llegan a la conclusión de que los electores les han dado carta blanca para hacer y deshacer, para mangonear, para volver los argumentos del revés, para adoctrinar a sus electores, aunque sus discursos sean pura hipocresía que embauca para engañar a la sociedad.

El conocimiento que se va teniendo de las acciones de algunos líderes, honestos cuando decían sus mensajes en todas las tribunas, hacen pensar en promesas falsas como antesala de actuaciones que conducen a una deslealtad manifiesta con los electores. Si se quiebra la confianza de la sociedad en sus líderes es muy difícil rehacer la ilusión.

La sociedad debe armarse de sentido común y exigir lo que le vendieron y compró en un contrato falso.

Mientras tanto, crece el sentimiento de que los políticos que representan al pueblo toman al resto de los ciudadanos por tontos, gentes sin criterio y fáciles de engañar.

Los líderes elegidos son responsables de las decisiones que la sociedad toma siguiendo la verdad que le predican. Si la verdad predicada es falsa, quienes la ofertan son responsables directos de la elección que hacen aquellos que confían en ellos, sean políticos, curas o banqueros. La mentira no debe tener ventajas aunque la triste realidad demuestre lo contrario.

Los líderes son los padres de familia de la sociedad y cuando demuestran que no lo son deben arbitrarse medidas para prescindir de ellos. Su figura debería estar adornada por esos valores de entrega, servicio y cariño que el buen padre de familia luce en sus relaciones con el núcleo que cuida, dirige y protege. No actuar desde estas premisas descalifica al político, lo hace innecesario, indeseado e indigno de respeto, además de emponzoñar los sentimientos de la sociedad.

El mal político.

Una de las funciones más halagadoras que una persona puede desarrollar en su vida es el noble ejercicio de la política, por lo que implica de servicio. Con el tiempo se ha degradado esta misión, se ha pervertido la idea del servicio a la sociedad y en su lugar se ha instalado la conducta contraria, aprovecharse de ella en beneficio propio o en el de su grupo. La vida pública se ha llagado de tal manera que estamos en el mismo pozo que Rinconete y Cortadillo, el Lararillo de Tormes o cualquiera otro personaje de las sociedades más deprimidas de la historia universal.

Sobre el papel se han plasmado ideas de innegable belleza social, pero sobre la realidad hace muchos años que se escribe con los lápices de la codicia, la avaricia, la usura, la incultura, la insolidaridad, la pillería y el rencor. Una sociedad presidida por desvalores como los enumerados es una sociedad enferma a la que hemos de poner remedio

En este sentido, los galenos de la sociedad que han podido diagnosticarla son las personas dedicadas al ejercicio de la política y que, en contra de lo que debería haber ocurrido, ni se molestaron en prescribirle tratamiento adecuado. Debieron pensar que cuanto peor estuviera sería mejor para ellos.

Vista la experiencia de los últimos años cabe confirmar que al ejercicio de la política llegaron personas con escaso ánimo de servicio y dudoso sentido común. Los arribistas se atribuyeron virtudes sin tenerlas, se sintieron importantes en su nuevo estatus, vieron el ejercicio del poder como una oportunidad para prosperar y no les dolió prenda aparentar, medrar y adular para conseguir el objetivo de satisfacer su ego, cayera quien cayera o se volviera el mundo del revés. Para el ejercicio del oficio más difícil se admitió a cualquiera y, en consecuencia, el trabajo no se ralizó bien, gracias a la ineptitud de muchos trabajadores de la política ésta resultó un desastre. La consecuencia es una sociedad que al cabo de los años está en ruina económica y moral, gracias a quienes las virtudes las consiguieron con la propaganda que llenó el espacio público de mentiras.

Los malos políticos de la época democrática empezaron a elaborar mensajes llenos de humo en los que mezclaban ideología, derechos, religión, ilusiones y el rencor al adversario convertido en enemigo. Para conseguir votos pusieron en marcha la máquina de las promesas que la sociedad admitió embobada. Cuando la ilusión se marchitó, la sociedad estaba excesivamente hipotecada, prisionera del sin sentido y llena de contravalores que la llevaron al hastío.

Los malos políticos son habituales dentro de esa fauna que, incapaz de pensar, se dedica a medrar, a bajar la cabeza y los ojos para que le impongan ideas y argumentos en nombre de no se sabe qué del partido.

Por cierto, el partido no existe, lo hacen las personas que lo componen. El partido no piensa. Los líderes ante quienes se inclina la cerviz tienen un ego desmesurado, se sienten dioses de un olimpo fabricado por ellos mismos viendo el vasallaje de esa comparsa de gente que, embelesada cuando abren la boca para hacer proclamas, los llena de aplausos y parabienes en respuesta a propuestas llenas de ideas ambiguas de las que sacar ventaja. Los malos políticos se encargan de repartir la carnaza a la sociedad una vez que le han sacado la delegación del poder mediante el voto, son quienes se hacen eco de la manipulación a que son sometidos y ganan adeptos para la causa a cambio de seguir lamiendo lo que ellos creen el poder.

Quienes tienen a la sociedad como objeto de engaño y manipulación mediante mensajes falsos y ambiguos que la hacen sentirse culpable de males en los que nada tiene que ver, no deben representar a nadie.

Es mal politico quien utiliza las estrategias enumeradas por Noam Chomsky que una pequeña parte de la sociedad cultiva para manipular a la otra:

. Utilizar la distración, desviando la atención del público de los temas importantes. No se le considera capaz de entenderlos y se le ocupa en asuntos de poca importancia.

. Crear problemas y ofrecer soluciones desde el poder, crear una crisis económica para aceptar recortes de derechos.

41

. Graduar las medidas a adoptar vendiéndolas de panacea, privatizaciones de servicios, flexibilización en la aplicación de las normas de gestión de lo público haciendo olvidar el carácter protector que ejerce el derecho administrativo sobre la sociedad.

. Presentar problemas y proponer aceptación de soluciones en tiempo diferido, es más fácil aceptar un sacrificio futuro que hacerlo con carácter inmediato, se va asumiendo poco a poco.

. Dirigirse al público como a criaturas infantiles, personas de poca edad. El receptor del mensaje tiende a dar respuestas faltas de sentido crítico.

. Utilizar el aspecto emocional en vez de la reflexión, pues cortocircuita el análisis racional.

. Mantener al público en la ignorancia, con mala calidad en la educación de las clases inferiores para seguir siendo exclavos.

. Estimular a la sociedad para que sea complaciente con la mediocridad, hacer creer que es moda ser estúpido, vulgar e inculto.

. Reforzar la autoculpabilidad que produce autodevaluación e inhibición en la acción. Y sin acción no hay "revolución".

. Conocer mejor a los individuos de lo que ellos se conocen. Las masas se manejan desde la publicidad y la propaganda.

Estas estrategias, bien pergueñadas en acciones, debilitan a la sociedad dejándola a los pies de los caballos que pisotean derechos y esfuerzos, hacen cada día más débil a la persona individual y colectiva y por tanto más manejable. Corregir esta realidad no es fácil pues requiere de lucidez en el análisis de los acontecimientos sociales en los ámbitos del conocimiento y la economía, terrenos en los que se mueve la sociedad actual.

Por enumerar actitudes concretas de gentes que se creen políticos porque dicen dedicarse a la política, buen gobierno de la ciudad, se reflejan algunas que manifiestan lo que no es un buen político, individuo falto de profesionalidad para el cargo que ejerce.

No es buen político el que

. Desconfía de quien le hace reflexionar y lo define como enemigo. Suele creer que desde que su nombramiento aparece en los diarios oficiales adquiere la cualidad de semidios, puede hacer y deshacer de acuerdo a su nominación, con o sin razón, normalmente sin ésta.

. Ejerciendo un cargo se aleja del sentido común, desprecia la reflexión como base para el acierto en su gestión y se escuda en obedecer ordenes. Hay personas aspirantes a aprendices de político, conscientes de que si dicen sí a todo triunfaran, "A río revuelto ganancia de pescadores" o "Ande yo caliente y ríase la gente".

En fin, la condición humana. Uno de estos aprendices de político ofreció un puesto de trabajo relevante a otra persona con una condición, decir sí a todo lo que dijeran desde arriba. En política siempre hay que obedecer. La persona que recibió la oferta no aceptó, también las hay con dignidad.

La sociedad no merece la existencia de siseñores, nada aportan, son aduladores para su conveniencia y hacen mucho mal a la organización de todos, a la sociedad.

. Sabedor de las limitaciones económicas, ordena realizar acciones para las que no hay presupuesto, pensando que otros lo solucionarán.

. Ocupa un cargo de responsabilidad y bordea la legalidad para disimular la situación económica global. Prefiere que la sociedad crea que todo es una maravilla, así suma votos. Está convencido de que sólo el gobierno de su partido es capaz de dirigir la sociedad. Suele considerarse depositario de la verdad aunque sabe que actúa con mentira.

. Cree que su misión es vestir con pretendida elegancia, firmar documentos y comer con gente importante siendo el centro de la mesa.

. Ejerce un cargo y lo utiliza para beneficiarse él o hacerlo para su familia y allegados.

. Ante cualquier situación tensa de gestión, o contrariedad, chilla, grita y patalea hasta contra los muebles reflejando su incompetencia.

. Antepone la ideología, aunque no la tenga, a la razón y miente con tal de mantener el discurso de logros continuos.

. Se rodea de aduladores a los que cree respetuosos con su personalidad que luego califican de mediocre, y asume ejercer un trabajo sin estar preparado para ello.

. Saborea las mieles del cargo y echa los problemas en los hombros de quienes tenga más cercanos culpándolos de sus desaciertos.

. Cree estar por encima de la ley y fabrica a su alrededor un muro tras el que se parapeta para que su verdad no se mancille pues no hay otra.

. Se hace cargo de la gestión de una competencia dotada con un presupuesto irreal porque el partido lo dice.

. En sus discursos utiliza palabras huecas. Luce sonrisa boba porque le han dicho que hay que sonreír y en los cursos de estilo político o en los "grandes despachos" le han enseñado a aparentar.

. Sigue las directrices del mando de su organización para todos los asuntos de su competencia.

El funcionario que asuma estos comportamientos como "normales" o admisibles, ha de pensar cuál es la misión con la que se comprometió al acceder a la función pública. A veces, la connivencia permite o agranda esos sentimientos de quienes llegan a instituciones públicas predicándose los mejores.

El funcionario tiene la obligación de ayudar a los politicos a cumplir su misión, son los gerentes de la sociedad elegidos en las urnas, con ellos hay que tener comportamiento leal y honesto, salvo en las situaciones que perciban contrarias a las buenas prácticas que habrán de poner de manifiesto.

Por otra parte, la sociedad tiene que salir en bloque contra las medidas que anulan su capacidad de reacción y la hacen más injusta, y

. No aceptar como cierto lo que digan los políticos, sus palabras están pensadas y dichas como si su contenido fuera la verdad, con ellas pretenden imponer la visión de la vida que decide el grupo dominante en el partido. Sus mensajes hay que tomarlos siempre como sesgados y contrastarlos con otras fuentes de opinión en las que no influyan las dictaduras ideológicas que pretenden un mundo monocorde.

. Criticar acciones carentes de sentido común. Participar en foros en los que predomine el respeto a las opiniones que se emitan y aportar racionalidad al grupo.

. No dejarse engañar por quienes son incapaces de ofrecer soluciones y las fían al futuro.

. Desconfiar de los mensajes que utilizan lenguaje infantil para que contestemos como niños fáciles de engatusar, llenos de buena voluntad.

. Olvidar la ideología al juzgar hechos objetivos. No hay que perdonar incoherencias vencidos por las emociones.

. Luchar en todo momento porque las personas tengan a su disoposición un sistema educativo de calidad, base del desarrollo del futuro, desprovisto de miras partidistas que hacen de la sociedad media y baja objeto de esclavitud.

. Rechazar los medios de comunicación que trafiquen con la ignorancia, la indolencia y el sinsentido de la vulgaridad de quienes de los chismes hacen su bandera particular.

. Rebelarse ante los mensajes de que la sociedad es la culpable de sus problemas. Exigir que quienes desde el poder los emitan y permitan lo abandonen por ineptos y mentirosos.

. Tener formación e información, ayuda a ser persona crítica para analizar los mensajes que se reciben a diario.

. Rechazar a reprentantes del pueblo que hayan mentido para conseguir el poder y olviden programas y promesas.

. Tener claro que todos los políticos son asalariados de la sociedad, que ésta es la dueña de la soberanía y no puede estar desconfiando de quienes elige para que la guíen haciéndola ir por caminos distintos a los que le trazaron cuando querían conseguir su voto.

. No caer en la tentación de creer que las buenas palabras vacías de razones esconden algo de bondad, son hilvanadas con la astucia de los maestros del engaño.

Baste para ello leer el cuadro de la página siguiente, fácil para buscar aplausos sin asumir compromisos.

La mecanica en su utilización consiste en tomar un párrafo de la primera columna, otro de la segunda, otro de la tercera, otro de la cuarta y leerlos. Da lo mismo elegir el párrafo que sea en cada columna, enlazados produce un discurso atractivo aunque vacío.

Hablar sin decir nada	Llenar tiempos	Palabras huecas	¡Que bien hablan!
1	2	3	4
Queridos compañeros	La realización de las Premisas del programa	Nos obliga a un Exhaustivo análisis	De las condiciones adtvas. Y financieras existentes
Por otra parte, y dados Los condicionamientos Actuales	La comoplejidd de los Estudios de los Dirigentes	Cumple un rol esencial En la formación	De las directivas de Desarrollo para el futuro
Asimismo	El aumento constante en Cantidad y en extensión De nuestra actividad	Exige la precisión y la Determinación	Del sistema de Participación general
Sin embargo, no hemos De olvidar que	La estructura actual de La organización	Ayuda a la preparación Y a la realización	De las actitudes de los Miembros hacia sus Deberes ineludibles
De igual manera	El nuevo modelo de la Actividad de la Organización	Garantiza la participación De un grupo importante En la formación	De las nuevas Proposiciones
La práctica de La vida cotidiana Prueba que	El desarrollo continuo De distintas formas de Actividad	Cumple deberes Importantes en la Determinación	De las direcciones Educativas en el sentido Del progreso
No es indispensable Argumentar el peso y la Significación de estos Problemas ya que	Nuestra actividad de Información y Propaganda	Facilita la creación	Del sistema de formación De cuadros que Corresponda a las Necesidades
Las experiencias Ricas y diversas Muestran que El afán de organización, Pero sobre todo	El reforzamiento y Desarrollo de las Estructuras La consulta con los Numerosos militantes	Obstaculizan la Apreciación de la Importancia Ofrece un ensayo Interesante de Verificación	De las condiciones de las Actividades apropiadas Del modelo de desarrollo
Los superiores principios Ideológicos, condicionan Que Incluso, bien pudiéramos Atrevernos a sugerir que	El inicio de la acción General de formación De las actitudes Un relanzamiento Especifico de todos los Sectores implicados	Implica el proceso de Reestructuración y Modernización Habrá de significar un Auténtico y eficaz punto De partida	De las formas de acción De las básicas premisas Adoptadas
Es obvio señalar que	La superación de Experiencias periclitadas	Permite en todo caso Explicar las razones Fundamentales	De toda una caústica De amplio espectro
Pero pecaríamos de Insinceros si Soslayásemos que Por último, y como Definitivo elemento Esclarecedor, cabe Añadir que	Una aplicación Indiscriminada de los Factores concluyentes El proceso consencuado De unas y otras Aplicaciones Concurrentes	Asegura, en todo caso, Un proceso muy sensible De inversión Deriva de una indirecta Incidencia superadora	De los elementos Generadores De toda una serie de Criterios ideológicamente Sistematizados en un Frente común de Actuación regeneradora

No conozco al autor. Le doy las gracias por su genialidad.

Tocomocho como medio de comunicación.

Hace tiempo que en el territorio del Estado español, según las noticias actuales que revisan la conducta de políticos define ésta como poco edificante y merecedora de repulsa de la clase dirigente. A pesar de ello, la sociedad sigue "perdonando" las irregularidades en la actuación de quienes fueron elegidos para guiarla hacia una convivencia más justa. Si no es la actuación directa de los elegidos la que provoca la repulsa, sí lo es la permisibilidad con que actuaron.

En España ha ocurrido algo similar a lo que se refleja en la secuencia siguiente:

. Vemos lo que tenemos y queremos poseer más, estamos descontentos con la ley, pensamos que merecemos más y creemos que todos los políticos lo hacen mal.

. Los políticos nos observan descontentos. Si nos vieran contentos sus partidos se encargarían de generar descontento mediante el Marketing, crearían problemas inexistentes a los que darían soluciones. Los ciudadanos, sin memoria histórica, vemos y pensamos lo que los grandes partidos quieren.

. A los ciudadanos nos fijan ideas, nos compran el voto con promesas que aplaudimos.

. Confluyen dos avaricias, la de los partidos y la de los ciudadanos, unos ansiosos de poder, otros de tener. En esta fase, a los ciudadanos no nos informan, nos adoctrinan, nos inundan de publicidad y terminamos teniendo por real lo virtual sin preguntar demasiado. No estamos muy interesados en saber, eso obliga a posicionarse, así es más fácil tener enemigos gratis a los que culpar de males comunes, el Estado, los funcionarios, los vecinos del norte, del sur, del este o del oeste.

. Los ciudadanos vemos cosas "bien hechas" a golpe de noticias de inauguraciones de servicios, aunque sea por promesas cumplidas después de quince años de gobierno. !Por fin tenemos el servicio que queríamos¡ Aunque dudamos, justificamos el retraso porque pensamos que las cosas cuestan, esto, claro, después de ponernos delante las banderas del patriotismo y las del antipatriotismo, que para el caso es lo mismo. Somos tan simples que hasta en alguna época hemos llegado a pensar que la tarjeta de crédito era parte de nuestro sueldo.

. Los continuos mensajes políticos hacen que pensemos que tenemos derecho a más, aunque no aportemos esfuerzo contributivo. De momento los políticos quieren bajar los impuestos, sobre todo si se acerca época de elecciones. Los ciudadanos no queremos saber que tenemos menos presión fiscal que otros países del entorno que no tienen mucho mejor los servicios, no queremos saber nada de lo que debemos, eso es cuestión de políticos, que son quienes nos metieron de lleno en ese bucle diabólico de deber cada día más.

. Los ciudadanos queremos promesas aunque se repitan en cada ocasión que votamos, nos aferramos a la ideología, a las banderas, a la religión, a las fronteras, a los inmigrantes, al gobernante anterior, etc.

. En cada cita electoral todos los partidos ofrecen más, hay un arribismo en el que todo vale, asumimos que mienten pero compramos las mentiras, pensamos que todos hacen lo mismo. No nos atrevemos a revisar nuestro pensamiento respecto al voto, más vale malo conocido que bueno por conocer, si me roban, dice el dicho popular, que me roben los míos. En este sentido, la siguiente anécdota que viví en el mes de febrero de dos mil catorce en un supermercado, mientras esperaba para que la cinta transportadora de la caja tuviera espacio para ir dejando los productos que había puesto en la cesta, escuchaba una conversación entre una señora de unos setenta años y un cajero de unos cincuenta y cinco, más o menos. Ambos se quejaban de lo mal que estaba las cosas, de la nefasta gestión del gobierno que estaba convirtiendo España en una vergüenza... Les pedí disculpas para intervenir y les dije que ellos podían intentar corregir las situaciones que criticaban. ¿Cómo?, me dijeron. Con su voto. Eso no vale para nada, además, dijo la señora, yo voy a votar en blanco. Señora, le dije, si vota en blanco beneficia a los grades partidos, a esos de los que se queja. Pues da lo mismo, voy a votar en blanco, reiteró. Señora, le dije, disculpe, Usted quiere seguir como está, sus ganas de cambiar terminan en los labios. Tenemos tan arraigados los prejuicios que es muy difícil realizar un cambio efectivo, máxime si los jóvenes pasan de la política.

. Entregamos un cheque en blanco cansados de escuchar mensajes, y lo damos a nombre de un grupo sin saber a quien votamos, eso es lo de menos, lo importante es acabar con la incomodidad de pensar, al fin de cuentas...¡Que más da!

. Hemos llegado a esta tesis porque nos han metido hasta el tuétano que todo es blanco o negro. De la paleta de colores eliminamos el arcoiris, nos parece algo poco importante.

. Caímos en un reduccionismo inverosímil, blanco o negro, no hay más. Hemos perdido el sentido crítico. Para colmo nos dan pocas explicaciones, ¿Para qué? Son un rollo.

Cuando nos queramos dar cuenta de lo que han hecho las clases dirigentes con la sociedad será demasiado tarde. Habrá que volver a empezar a luchar por conseguir lo que teníamos conseguido. Es nuestra culpa por dejar el voto en la urna sin pensar demasiado. Entonces nos daremos cuenta de que los enemigos no eran quienes creíamos que lo eran, pero no habrá nadie a quien pedirle cuentas porque la responsabilidad pública está tan diluida que no existe en la realidad.

Desde este punto de vista, es deseable que el funcionario tome conciencia de que él tiene la obligación de ser más crítico que otros miembros de la sociedad, está más cerca de quienes la guían y posee elementos de juicio para analizar comportamientos y situaciones.

Lo anterior no quiere decir que el funcionario haya de ser juez de nada pues la misión política es de suma importancia para la sociedad, pero debe constatar promesas y realidades, la ley y su cumplimiento y dejar constancia de percepciones y realidades. Está situado en un observatorio privilegiado para avisar de posibles anomalías. Es como un vigía que desde una torre ve a lo lejos y avisa de posibles peligros.

3.- Organización.

La organización en el trabajo se refiere a los sistemas de entender el poder en una entidad determinada.

Las teorías hablan de la Organización Vertical, Horizontal y Plana. Todas ellas tienen una estrecha relación con el ánimo de control que sobre la entidad, o empresa, ejerza el dueño en razón de sus fines.

La organización es un ente que satisface necesidades del individuo pues él es incapaz de satisfacer todas las que tiene, fisiológicas, de seguridad, de sociabilidad, de reconocimiento, creativas, etc. La organización utiliza personas y medios para conseguir sus fines.

La organización tiene estructura piramidal en cuyo vértice se sitúa la persona que asume el mando del grupo como máximo responsable del mismo, los padres respecto de los hijos, el ministro respeto al ministerio, el gerente de un hospital respecto a todo el entramado del mismo, el director médico respecto a los profesionales de la producción sanitaria, el director de orquesta respecto a sus miembros, el presidente del gobierno respecto al consejo de ministros, etc. La situación determina responsabilidad y nivel de obligaciones a la vez que la valoración del grupo hacia la figura del líder .

Al líder le ayuda personal fijo, asesores temporales ajenos y consejeros para poder conseguir los objetivos que tiene su misión.

Por muy capaz que sea, no puede triplicar las horas de un día para poder realizar las tareas necesarias para lograr el objetivo a conseguir. Utiliza el trabajo del personal a su cargo con delegación de competencias, encomiendas de gestión de parcelas que él no puede atender y otras figuras organizativas.

Siendo la parte esencial del ejercicio de un cargo soportar las obligaciones que derivan de él, a veces da la impresión que hay responsables que las olvidan y asumen como propias sólo las ventajas del ejercicio de una determinada posición social, consustancial al ejercicio del poder.

En el ámbito político, suele ocurrir que al ejercer un cargo hay líderes que habiendo buscado su ejercicio libremente, y predicado como el motivo fundamental de su vida, lo rechazan poniendo de manifiesto una gran falta de sentido común. Esto no ocurriría si quienes aspiran a detentar un cargo tuvieran clara una escala de valores enmarcada con sensatez.

Esto podíamos asimilarlo a la figura siguiente.

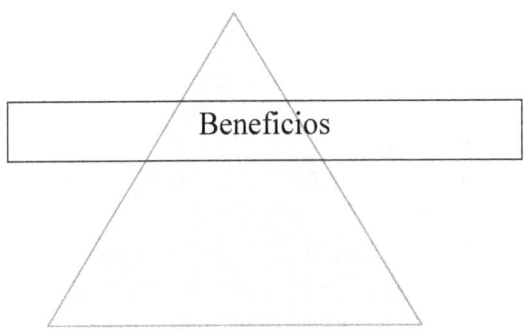

Beneficios

En este caso la organización sólo sirve para atribuir poder, la cesión de las decisiones, la representación y la competencia. Logrado el poder, la base queda en el olvido, los ciudadanos se convierten en súbditos y sus acciones en propaganda. Hay una disociación absoluta entre la base y el vértice de la pirámide. Quien está en el vértice aprovechó la base para encaramarse a él y gozar de los beneficios que le otorga su posición. Este comportamiento debería ser más que suficiente para expulsar a quienes lo consiguieron con engaño, pues no son dignos de confianza. No puede ser que los ciudadanos sean degradados a súbditos por aquellos a quienes eligieron para estar al frente de la organización.

La elección de la autoridad en la organización se produce de forma democrática para que la persona investida de ella sea quien la dirija y consiga los objetivos que tenga. Los elegidos representan al colectivo de la organización estratificados en diversos escalones.

El desarrollo y gobierno de la organización dependerá de la calidad de los líderes. La sociedad confía en ellos y no espera el engaño, por eso defiende a capa y espada a quien eligió, en su mente tiene una idea buena de aquel en quien depositó su fe. La realidad que a veces despierta a la sociedad con un aldabonazo para corregir cuestiones de importancia, da fe de que la confianza en los líderes ha de ponerse siempre en cuarentena. Es preferible evitar que corregir, por eso es imprescindible trazar nítidamente las coordenadas que han de delimitar la actuación de quienes dirigen y guían a los grupos, sobre todo en los casos en que se juega con conceptos universales e intangibles que determinan el progreso de la sociedad y la felicidad de sus componentes.

Al hablar de la organización que nos afecta, la del Estado, del que somos dueños o accionistas, lo hacemos desde unos valores universales que ponen de manifiesto la igualdad de las personas, su dignidad, la cobertura de necesidades de todos entre todos, la confianza, el control, la transparencia en el ejercicio de la autoridad de cuya actuación esperamos unos resultados que aporten mejoras, y que han de conseguirse por el colectivo que ejerce la representación de la sociedad desde cualquier puesto en que esté, gobierno, oposición, mayoría, minoría, etc. La realidad social debería determinar la elección siguiente, pero esto no suele ser así debido al enorme esfuerzo de convencimiento sazonado de propaganda que se ejerce desde el poder y por quienes lo pretenden.

Esto viene a confirmar que la tierra de nadie existente en las organizaciones es un campo que aprovechan quienes están en el vértice. Faltan profesionales de enlace entre éste y la base que ejerzan sentido común y sana crítica en beneficio de la sociedad.

Este colectivo de enlace entre la base y la dirección es el que, en las organizaciones del Estado, debe vigilar porque la equidad presida las actuaciones públicas de quienes asumen la autoridad y que ésta se ejerza con estricto sometimiento a la ley, y ser el catalizador de las actuaciones del poder. Para ello ha de tener como guía de conducta los principios de eficacia, eficiencia, equidad, legalidad, seguridad jurídica, libertad de expresión y crítica, planificación y coordinación del pluralismo pues en éste está la riqueza de la sociedad.

Desde hace años, por eso de que "A río revuelto, ganancia de pescadores" se ha venido configurando una organización arbitraria de lo público, han sido demasiados los cantos de sirena escuchados a dirigentes políticos de todos los signos y territorios que han construido una organización pública sin coherencia, politizada, ineficiente, compleja, ingobernable, sobredimensionada, con multiplicidad de formas que intentan evitar el sometimiento al Derecho Administrativo y que ha resultado ininteligible para la sociedad, atónita al ver crecer y crecer el número de gentes adscritas a la nómina del Estado. Esto se ha hecho por los representantes elegidos en las urnas que debiendo imponer mesura y sentido común optaron por compromisos con militantes, familia y amigos, vendiendo su entrega honesta a la sociedad.

Pasados los años, en la actualidad de 2014, todo parece ser lo contrario pero encubre el mismo fin, la venta de lo público a conveniencia de... La organización pública tiene mala prensa provocada por quienes la engordaron. Ahora se trata de premiar el negocio privado, dicen que para corregir el mal funcionamiento público. Lo público representa, como mínimo, la mitad del Producto Interior Bruto económico del país. Un proyecto de organización pública consensuado y con vistas al futuro, que pueda cohesionar a una sociedad vapuleada por políticos y poderosos, es pilar básico para que sea lo menos infeliz posible.

La organización social creada para reflejar el espíritu de la Constitución ha de ser el espejo que refleje la dignidad de las personas, su diversidad y las obligaciones de servicio al resto. Estas obligaciones son tanto más gravosas cuanto más cerca del vértice se está, quien ocupe puestos de responsabilidad ha de estar adornado de valores de entrega a los demás. Si no es así, la organización no cumplirá su misión porque su esencia es estar al servicio de la sociedad, no que la sociedad esté al suyo. Esto es la perversión de la política.

Clases.

Vertical.

Organización personalista, todo el poder depende del jefe. Valores fundamentales son la desconfianza en el resto de la pirámide, la rigidez en las decisiones, la pérdida de tiempo por parte de la dirección, la duplicidad de tareas, la visión única de todas las cuestiones que se susciten, la imposición del líder y su arbitrariedad en las decisiones, la poca motivación de las personas, la carencia de incentivos, la falta de sentimientos de propiedad, implicación y pertenencia de la base social.

En la organización sólo está interesada la parte alta de la pirámide que se reparte los beneficios, sean los que sean.

Si la comparamos con la concepción del presupuesto y el ciclo económico, concluimos que los implicados en ella son pocos, los beneficiarios. Se distinguen con nitidez las notas de dirigismo y ausencia de planificación

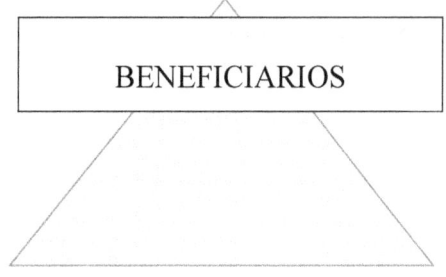

BENEFICIARIOS

Notas:
Poca confianza del jefe en los subordinados.
Beneficio sólo para el que manda.
Ausencia de planificación.
Dirigismo.

En las instituciones públicas suele ser habitual. La visión personalista de quienes se atiborran de cargo y creen que por eso serán faraones que pasarán a la historia es dañina para la organización. Estas personas suelen rodearse de aduladores que actúan en su propio beneficio y que, incapaces de tener una visión crítica, engordan el irresponsable ego del dirigente de turno que actúa como un señor feudal.

No se valora el conocimiento sino la sumisión, ni se admite que el trabajador tenga personalidad y criterio propio. El buen hacer y la creatividad son defectos que causan la expulsión de la organización pues el jefe tiene celos. La transparencia brilla por su ausencia y suele darse una compra implícita del silencio que al cabo del tiempo salta hecho añicos si de las actuaciones surge alguna responsabilidad.

Horizontal.

Frente a la forma anterior donde impera el personalismo en detrimento de la organización, aquí se da una apertura a la participación de parte de personas de la misma, de tal manera que la confianza se extiende a más porción de la pirámide, por lo menos al personal técnico más cualificado. Esta modalidad pone énfasis en la planificación y en el control aunque sólo sea por la necesidad de coordinar proyectos que exceden las posibilidades del grupo director, sea por su preparación o por su número. Olvida la imposición absoluta del jefe y atribuye las decisiones a un grupo más amplio que utiliza técnicas de motivación para expandir el sentimiento de pertenencia al grupo, que hará triunfar a la empresa. La implicación hace que los beneficios se distribuyan entre más gente. Utiliza medios técnicos para controlar el trabajo. Coincide su aparición con la de grandes proyectos en que participan decenas de empresas.

El seguimiento de las tareas se realiza con sistemas de redes que hacen posible la revisión permanente de proyectos, su mejora y la reasignación de presupuestos e inversiones.

La visión de la organización se amplía, crece la confianza del jefe en los trabajadores, se fijan sistemas de incentivos que premian el trabajo, la implicación y el logro de objetivos, y se percibe un mayor nivel de satisfacción del grupo que mejora a la propia organización.

La organización no existe, son las personas quienes la forman, ésta será lo que sean aquellas y aquellas, en cierta forma, lo que sea la empresa a que pertenecen.

Empieza a darse una simbiosis entre la organización y sus componentes identificada con el orgullo de pertenecer a una entidad que proporciona medios de vida

Si relacionamos esta forma de dirigir con las teorías del presupuesto, se ve que el valor de la organización crece, lo que ella retorna a los trabajadores también y éstos aportan mayor riqueza a sus núcleos familiares. Se produce una cadena de mejoras.

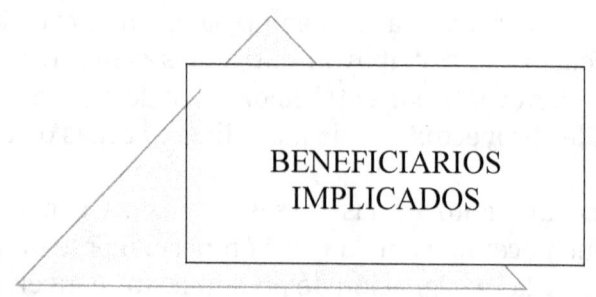

BENEFICIARIOS
IMPLICADOS

Notas.
Mayor reconocimiento de la organización a sus trabajadores.
Beneficio económico para un mayor número de personas.
Mayor confianza del jefe en los subordinados.
Dirección participada. Planificación y control.

En la organización pública esta forma se da pero se reduce a los componentes políticos del vértice de la pirámide que, en gran parte, pasa olímpicamente del resto de la organización secuestrada al llegar a ella. Se pone de manifiesto cuando hay cambios de gobierno o de directivos políticos del mismo.

La clase política pasa de estas cuestiones, cree que los trabajadores permanentes de la organización no son leales, no se fía de ellos. A esto ayuda el que la mayoría de políticos se mueven por consignas y directrices, no por conocimientos técnicos y sentido común. La democracia no se traslada a la organización pública en la que, una vez conquistada, no hay explicaciones que dar. En algunos casos, la ineptitud del líder la empobrece, suele ser incapaz de mostrar su debilidad y apoyarse en quienes puedan aportar algo positivo, antes bien, se ayuda de gentes de su misma comba olvidando a la sociedad que sufre las consecuencias de la falta de conocimientos de dirección y de valores personales que dice tener como guías.

La organización pública no se aleja de la forma de dirigir vertical, personalista y falta de miras, pues quienes la dirigen intentan mantenerse en el poder a toda costa. Si en algún caso se siguen teorías de mando como las que analizamos en este apartado es por los trabajadores fijos de la organización que buscan un mayor desarrollo personal y el cumplimiento de su compromiso con la sociedad que es quien les paga.

No obstante, cuando los políticos intuyen actuaciones de este estilo intentan hacerlas imposibles, piensan que son un poder en la sombra y suelen tratar de tener información, inclusive de reuniones y comidas entre trabajadores, y de liderazgos del grupo para intentar deshacerlo. Esto ocurre. También hay funcionarios que entran en el juego del político, sea por adscripción ideológica, que suele ser la conveniencia, por ineptitud laboral o por siseñores con vocación de trepas en busca de prebendas.

Plana.

Goza de las características de la horizontal y participa los beneficios a toda la organización, los trabajadores se implican, sea cual sea su cometido y categoría. El sentimiento de pertenencia a la organización anida en todos sus componentes y sienten la empresa como suya, motivo este que elevará su valor y el de todos quienes estén relacionados con ella. Se cuida la formación porque el activo principal es el trabajador y su conocimiento.

Una característica que aparece es la puesta a disposición de todos los recursos humanos al servicio de los usuarios o clientes, su razón de ser. Se da la concepción comercial de la organización porque depende de quienes acuden a ella. En el servicio público se trata de que los recursos humanos estén al servicio de los ciudadanos para atender sus necesidades, inclusive las de los propios trabajadores.

Un paso más en esta concepción en la actualidad está asociado a lo que significa Internet. Se diluye la identificación del ejercicio de la autoridad porque no es visible ni definida. Quienes intervienen tienen el mismo nivel de percepción de clientes y usuarios, delimitada por la inexistencia de escalones y por la puesta en común de ideas, sugerencias y soluciones. Todos se implican más allá del reconocimiento social que no existe sino por los resultados.

Se eliminan diques en los que se han enmarcado en otras épocas las relaciones laborales, horarios ciertos, salario fijo, representación del trabajador, etc. Priman conceptos nuevos como flexibilidad, creatividad, identificación con la empresa, talento, agotamiento como clave de éxito, puesta en común, crecimiento de las relaciones interpersonales como aporte de ideas de mejora. Consecuencia es el aumento de rendimiento en entornos laborales agradables.

Asimilando lo anterior al ciclo económico, los conceptos de implicación y beneficio se extienden a los miembros de la organización sin ningún tipo de exclusión, aunque cada uno reciba cuantía diferente del beneficio por su participación.

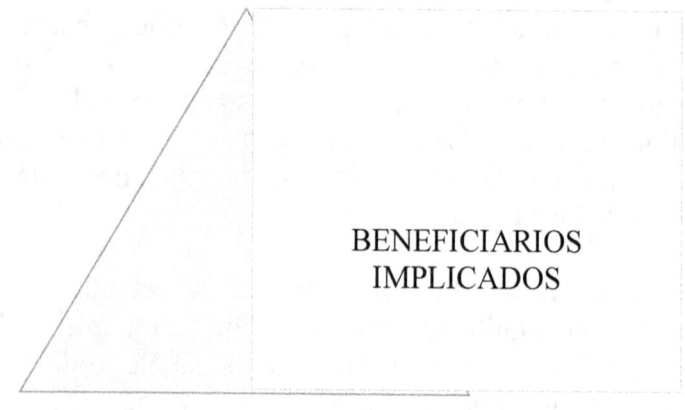

BENEFICIARIOS
IMPLICADOS

Notas.
Sentimientos generalizados de propiedad,
pertenencia, satisfacción y confianza.

Hay constante mejora de la organización en beneficio de trabajadores, clientes, usuarios y de ella misma.

En la organización pública no se da, el dirigente político debería compartir situaciones que delatarían su conocimiento y otras donde las decisiones no se tomarían por partidistas, vender lo público, privatizar, favorecer intereses de partido y propios...etc. No es levantar falsos testimonios, es recoger la información que a diario salpica los medios.

De acuerdo a lo anterior, vamos a conversar sobre la realidad que se ha dado en los últimos años haciendo un flaco favor a la sociedad, convidada de piedra a la representación que le han impuesto, ninguneándola a partir de obtener sus votos para manejarla en vez de gobernarla.

Realidad percibida.

La organización está delimitada por una pirámide donde la responsabilidad crece de abajo arriba, en el recorrido de la cobertura de puestos de trabajo, de la base al vértice, deben aparecer las personas adecuadas a cada uno para conseguir los objetivos que tenga. Nadie es prescindible, en el puzzle todas las piezas son necesarias con independencia de que unas sean más consistentes que otras.

Lo que ocurre en el ámbito público es que un importante tramo de puestos de trabajo se cubre con criterios subjetivos, de acuerdo a las pretensiones del partido que legítimamente, en función de los votos, tiene derecho a hacerlo según la ley. Claro que ésta se puede, y se debe, cambiar.

A igual que para ocupar los puestos fijos de trabajo en la organización hay que seguir un procedimiento de habilitación, también debe existir para elegir a los responsables políticos de organizaciones de gran contenido social. Esto evitará fiascos aunque las repercusiones para los partidos políticos, y sus convictos, sea menos beneficiosa al impedir que sujetos sin preparación ocupen puestos de trabajo de responsabilidad.

El modelo de organización mayoritario en las instituciones públicas se asemeja a lo siguiente.

Pirámide truncada con marcada discontinuidad
entre la parte directiva y la base.

Se representa la falta de comunicación en organizaciones esenciales para la sociedad, el Estado y sus instituciones. No es cuestión de atribuir a una parte más privilegios que a otra sino de regularizar cometidos, en ello va el sosiego de la sociedad.

En esta organización desunida hay elementos negativos como la falta de flujo de la información necesario para un correcto desarrollo de la misma. Al igual que en la dirección vertical, donde la ignorancia suele ser mala consejera, no hay confianza de los jefes en los trabajadores. No hay valoración del aspecto técnico, quien no tiene ese carácter desconfía de quien lo tiene, ni del humano, dudan de todo lo que no esté arropado con las siglas de sus partidos.

La falta de comunicación, que no interesa porque al menos tiene dos vectores, en esta forma de gobernar legítimada por los votos produce directrices, inercias, mensajes cortos, llenos de propaganda para conseguir el beneplácito de la sociedad y así poder seguir gobernándola.

La existencia de una organización incomoda a los políticos que tienden a denigrarla, con ello lo que consiguen es que la sociedad vea la parte fija de la organización pública como un mal necesario del que librarse. Al director no se le cuestiona, viene ungido por los votos sea apto o inepto para ejercer un cargo, a los trabajadores se les pone al nivel de lo indeseable siendo profesionales preparados que han superado pruebas para acceder a su puesto de trabajo.

En la pirámide truncada, los mandos intermedios cuentan si son afines y mediante la adulación pueden admitir, asumir y comulgar con ruedas de molino, reverenciando a quien decide boletín oficial en mano. Se da una situación que no por ser casi permanente deja de ser poco edificante y en nada lógica. Lo que importa es el poder y no la organización, o lo que es lo mismo, no interesa la sociedad sino alimentar el ego, todo lo contrario a lo predicado hasta que vuelva el ciclo electoral y de nuvo abusen de la desmemoria colectiva.

Lo predicado en los programas electorales es algo distinto a lo que se plasma en la realidad, en que se ordena y manda.

Si algo no funciona, hay un culpable distinto al real. De esto pueden dar fe los funcionarios que han tenido que acudir a declarar ante un juez por irregularidades cometidas por los políticos que, para demostrar su falsa inocencia, no dudan de embadurnar a quienes estuvieron a sus ordenes demostrando así la poca ética y honestidad con la que actuaron. Para ellos todo vale en nombre del partido y de su beneficio, aunque, en su caso, no sean capaces de aguantar el llamamiento de la justicia. ¡Valientes estafadores! El directivo político necesita alguien a quien imputar una determinada situación. Parece que estemos en una plantación sureña donde los hijos del amo no son responsables de sus actos, o recreando la novela Los Santos Inocentes de Miguel Delibes.

Se intuye una agencia de colocación, la información circula en una dirección, hay pérdida de ilusión en los trabajadores, se obedece a regañadientes, se aleja cada vez más la base de la pirámide de su vértice que busca en sus convictos los aliados perfectos para asaltar los diversos estadios de la organización y degradarla.

La información sólo es de abajo a arriba. Se utiliza la base para obtener datos que pueden ser manejados al antojo de los directivos politicos cuando estiman que les son favorables.

Un ejemplo de lo anterior: en la Comunidad Valenciana, de las peor tratadas por las leyes de financiación, resulta que, sabiendo que esto es así desde los acuerdos firmados en 1998 entre los Presidentes del Gobierno de España y el de la Generalitat Catalana, y desde la aprobación de la Ley 21/2001 de Financiación de las Comunidades Autónomas vigente hasta 2009, aprobada por el Congreso de los Diputados, ley en la que se obvió la existencia de miles de personas en el territorio de la Comunidad Valenciana, porque una cosa es la población de hecho y otra la de derecho, las peticiones derivadas de la mala financiación, atribuibles a los responsables de entonces, se exigieron al Presidente del Gobierno que no había aprobado estas leyes a su llegada al Gobierno de España en 2004. Fue este Presidente quien quedó como culpable de las diferencias presupuestarias respecto a otras Comunidades.

Mientras se conformaba la bola de nieve del déficit de la Generalitat, quienes en 2014 se alinean con tesis correctoras, totalmente justas, en aquel entonces tuvieron la boca cerrada porque abrirla no era rentable por diversos motivos, no levantar la liebre del descontento, no enmendarle la plana a los políticos, o favorecer a otros territorios menos afines para poder atraer sus votos con una financiación más generosa.

Empieza a perfilarse la simbiosis política-mentira, hecho gravísimo para la sociedad pero exento de responsabilidad.

Esto no debe permitirse, la sociedad ha de tener elementos objetivos para valorar al tomar una decisión, opinar, enjuiciar o, lo que es más importante, emitir voto cautivo en muchas ocasiones por la acción de la propaganda.

En esta situación frívola donde se invoca el cambio porque no se asume la normalidad de la ley, como si de un juego de niños se tratara, ahora sí, ahora no, ahora me escondo, ahora digo una patochada para tener espacio en los periódicos, se dicen cosas, porque en todos los juegos se dicen, a la espera de ganar aunque no se proponen soluciones ni alternativas. Es decir, sólo hay mensajes vacíos de contenido, discursos llenos de palabras huecas, como se refleja en el mecano de las hojas anteriores, gracias al que puede hablarse leyendo distintos párrafos de un texto insulso capaz de enardecer auditorios.

En esta situación que analizamos no hay tranquilidad para realizar cambios que puedan mejorar la sociedad, no interesa a quien gobierna porque la reflexión general no es algo que le pueda beneficiar. En este supuesto, quien ocupa el poder, o pretende ocuparlo, es mal político.

Esas circunstancias no son favorables para la organización pública que pierde la implicación de los trabajadores entre los que cunde el desánimo, arrecian los rumores y corren de boca en boca conocimientos de anomalías aunque sean difíciles de demostrar.

Los referentes humanos se eliminan, se pone la confianza en personas aduladoras y en quienes ejercen su trabajo con carácter temporal, desaparece el optimismo, los cambios no tienen sentido, son una permanente huída hacia adelante, el futuro empieza a verse de color poco atrayente, la ilusión por un trabajo bien hecho se viene abajo porque se constata el ninguneo hacia la parte fija de la organización. Hay gente que criticando la situación que percibe no se atreve a hacer nada para corregirla, sólo aportan el grano virtual de quejas que a nada compromete mientras se toma un café.

En estas circunstancias crecen dudas sobre la estabilidad, la cabeza visible empieza a tambalearse por sus méritos, o por los que le achacan desde su partido al no conseguir defender objetivos que le impusieron. Las relaciones humanas hacen agua, llega el tiempo del "Sálvese quien pueda". En la parte de más responsabilidad de la pirámide se inician movimientos bruscos. Quien ocupa el poder no asume su responsabilidad, se mira el ombligo incapaz de reconocerse incompetente y dejar paso a quien pueda desempeñar la función con corrección. En vez de asumir responsabilidad y aguantar el tipo demostrando su valía, da marcha al ventilador de su incompetencia para ganar unos días o unos meses y seguir en el cargo haciendo lo que sabe hacer, destruir en vez de construir, inundar la organización de malas sensaciones, cesar a quienes ponen un poco de la verdad delante y así seguir unos pocos días más en su demagogia demostrando su falta preparación.

Después del "Divide y vencerás" la empresa empequeñece, se viene abajo, los trabajadores se desorientan y desmotivan ante la descoordinación que se palpa. Se hace realidad aquello de esperar a ver desfilar el cadáver del enemigo. Y otra vez a aguantar otro ciclo para ver si hay suerte y el responsable lo es o hace bueno al anterior. Mientras, la sociedad sigue siendo perjudicada.

¿Qué hacer ante estas percepciones?

. Eliminar la franja disociada mediante una legislación adecuada que beneficie a la sociedad y no a los grupos que ejercen el poder de forma interina, porque el poder aunque se detente muchos años siempre se ejerce de forma interina.

. Prestigiar la organización permanente, garantía de que la sociedad reciba la prestación de los servicios con equidad.

. Exigir que quienes ejerzan cargos de relevancia política cumplan con unos requisitos mínimos para su ejercicio.

. Dar cuenta a la sociedad de las actuaciones de todos los centros de decisión político representativos, y de los planes de actuación trazados para su ejecución.

. La organización pública con sectores desunidos provoca desestabilización en la prestación de servicios, ya que se da prioridad a decisiones sin planificar justificadas en el corto plazo sobre las que deberían procurar sosiego a la sociedad a medio y largo plazo.

. Hacer ver a los partidos políticos que la administración no se conquista para utilizarla sino que se llega a ella de forma temporal para mejorar la sociedad.

. Corregir el desprestigio de los trabajadores públicos. Dar enemigos a la sociedad a su costa es un disparate que paga ella y no los culpables reales, esos políticos para los que todo vale con tal de tener su momento efímero de gloria aunque pasarán a la historia como lo que son, poco más que humo con el que han cegado sus ojos y contaminado la parcela que ocuparon.

. Establecer la obligación para que los partidos políticos nombren directivos a personas capacitadas, lo contrario lleva al deterioro de lo público que empobrece a la sociedad, como se viene demostrando desde hace años.

. Respetar los principios marcados para acceder a puestos de trabajo de la Administración, igualdad, mérito y capacidad.

. Vigilar el comportamiento de quienes están alrededor del poder para evitar corruptelas, propias de quien patrimonializa lo público y se aprovecha de ello, en detrimento de la sociedad que nada sabe de los entresijos creados a partir del poder.

Como cierre de este apartado, traslado a aquí el texto que Martin Niemöller incluyó en un sermón de la Semana Santa de 1946 en Kaiserlauten.

Cuando los nazis vinieron a llevarse a los comunistas,
guardé silencio,
porque yo no era comunista,
Cuando encarcelaron a los socialdemócratas,
guardé silencio,
porque yo no era socialdemócrata,
Cuando vinieron a buscar a los sindicalistas,
no protesté,
porque yo no era sindicalista,
Cuando vinieron a llevarse a los judíos,
no protesté,
porque yo no era judío,
Cuando vinieron a buscarme,
no había nadie más que pudiera protestar.

Martin Niemöller.

Toda reflexión es válida si ayuda a mejorar la organización social de la que somos parte. Reflexionar, analizar, criticar, enmendar, aportar ideas, mesura, sentatez, etc, es obligación de todos para ayudar a hacer sostenible el Estado de Bienestar para las generaciones venideras. No cabe callarse ante las manifestaciones que veamos contrarias al mantenimiento de la solidaridad, ese es el camino para retroceder hacia épocas pasadas en donde los subditos permanecían mudos para regocijo de los señores.

Martin Niemöller, en su sermón teminó preguntado ¿Qué pensaría del texto anterior Jesucristo? No es el caso ni el lugar para mencionar esta figura cuyos mensajes tanto han influido en la historia, pero no me resisto a reflejar aquí una pequeña idea, la sociedad occidental que se declara cristiana cada día está menos por la labor de plasmar en la realidad de la vida social los valores en que se fundamenta la doctrina que dice tener. En ningún texto en los que se sustenta he leido que los pilares de la convivencia sean la avaricia, la codicia, el engaño, el egoismo y la usura. La sociedad debería cambiar de signo religioso y asumir como religión las ideas que se asienten en la insolidaridad, sería más sincera.

4.- Características exigibles a los trabajadores públicos en puestos de responsabilidad, políticos y funcionarios.

Capacidad para eliminar tensiones y no transmitirlas a sus subordinados.
Ser colchón.
Relativizar los problemas.

A veces ocurre que al ejercer un puesto de trabajo de cierta responsabilidad lo que se busca es disfrutar de ventajas, reconocimiento o notoriedad.

Cuando la persona que actúa al mando de un grupo sólo quiere disfrutar de las denominadas mieles y deja las hieles a quienes dependen de él debe dejar el cargo por irresponsable, carente de responsabilidad. Figurar puede ser importante para recibir saludos y parabienes o dejar la tarjeta de presentación, pero a la sociedad no le añade ninguna mejora, la contamina de ineptitud.

Quien ejerce el mando desde el vértice de la organización que dirige debe transmitir sosiego a sus subordinados y ser colchón en las situaciones conflictivas, internas o externas. Para ello ha de ser firme y transmitir sensación de seguridad. El sentido de la responsabilidad es de arriba hacia abajo, no al revés que es lo que sucede cuando el responsable pierde los papeles y se expresa chillando haciendo el ridículo.

No se trata de ser fuerte con el débil, ni siquiera fuerte con el fuerte, sino de actuar con racionalidad, con coherencia al asumir el puesto de trabajo, con ecuanimidad, constancia de ánimo, equidad, sosiego y sentido común.

Las cuestiones de trabajo denominadas problemas no suelen tener esa categoría aunque se definan así, en todo caso deben relativizarse por quien dirige, con esta actitud crecerá su valía y su capacidad de liderazgo será palpable.

Cuando ante la dificultad se descarga la responsabilidad en los subordinados, se dan puñetazos en las mesas con las mandíbulas desencajas, se patalean los muebles por cualquier contratiempo o se lanzan mensajes que contienen insultos, estamos ante personas inhábiles para desempeñar cualquier tipo de acción sensata, incapaces para dirigir nada. Estas actuaciones están en relación directa a la falta de preparación y valía de quienes creen ser el ombligo del mundo y no pasan de ser considerados uno más a olvidar.

Las acciones incontroladas denotan la poca humildad de quienes prefieren prevalecer arriba como la espuma, en vez de buscar a los demás para comprensión y ayuda. El verdadero líder es aquel que aglutina a su alrededor sensatez.

Para relativizar hay que ponderar con tranquilidad de pensamiento. Por ello no estaría de más, ante las cuestiones importantes, tomar un plazo para su solución, empezando por contar cualquier objeto que nos venga a la mente en número creciente de veces según la importancia que demos al asunto.

**Ser positivo y tolerante al estrés.
Tener iniciativa, para sí y para sus colaboradores,
autonomía y delegación.
Saber resistir situaciones críticas sin perder
la calma.**

Sólo va para adelante quien mira al horizonte. A veces, hay que verlo de frente aunque vayamos de espaldas.

Las contrariedades no han de permitir que los proyectos en los que se creía al ponerlos en marcha se vuelvan negativos.

De la misma manera que es más agradable plantear los temas de la vida diaria en forma positiva, también lo es hacerlo con las que suceden en el trabajo.

Envolver la realidad con el sentimiento de bondad en vez de con el de maldad ayuda a superar el estrés y a afrontarla sin reticencias. Mirar el lado positivo siempre invita a la sonrisa, con ella, las montañas, si las hay, son más pequeñas y por tanto podemos superarlas de manera más fácil. Las cuestiones de trabajo hemos de solucionarlas desde el análisis con visión positiva que facilitará encontrar formas de hacerlo no lesivas para nosotros y para los demás.

Para conseguir lo anterior hemos de convertir lo difícil en fácil y contar con el grupo para hallar la solución.

Reflexionar hace comprender que hay tareas a realizar y diluye la tensión que se crea al identificar mal el denominado problema.

En el trabajo no hay problemas, hay asuntos sobre los que decidir, si lo hacemos de forma compartida su solución será más fácil.

Sea cual sea el grado de dificultad o de entrega requerida en un momento determinado, lo que no nos podemos permitir es perder la calma, sin ella se eleva la ofuscación, se piensa de forma obnubilada, se pierde el raciocinio y el sentido común llegándose a la incompetencia, y un directivo está obligado a abandonar antes de alcanzarla.

Las situaciones que se dan en cada escalón de la pirámide tienen entidad acorde a la responsabilidad asumida al aceptar el cargo, no aceptar la carga del cargo es causa suficiente para renunciar a él.

Como complemento a lo dicho, la persona que asuma una determinada responsabilidad ha de saber compartirla con sus colaboradores, son quienes le ayudan a lograr los éxitos. Para ello ha de tenerse claro que los subordinados no son quienes ejecutan las ordenes sino quienes participan en la resolución de las cuestiones de trabajo de forma individual o en grupo.

Procede que el responsable tenga la suficiente humildad para saber que solo no puede con la carga de su trabajo y que ha de recurrir a quienes van con él mediante la delegación de funciones, sean totales o parciales. La delegación implica que quien delega ha de aceptar las acciones del delegado sin ninguna condición, a no ser que medie mala fe.

Actuará debidamente quien al analizar la carga de trabajo priorice actuaciones y consensue con el equipo la distribución, de tal manera que a él le quede tiempo para poder analizar con sosiego las cuestiones estratégicas y de especial importancia para la organización que dirige.

A quienes ocupan puestos de trabajo en el vértice de la pirámide no les está permitido perder la calma, deben ser el espejo en el que todos los empleados se miren confiadamente sintiéndose tranquilos. Se avanza si hay paz y sosiego. Para nada valen los estados de nervios provocados por la ineptitud, ésta se agudiza más.

Tener en cuenta a los colaboradores.

El éxito en el trabajo hay que compartirlo. Un pilar de la persona, junto a su nombre y familia, es el trabajo. Sentirse a gusto en él es medida de su felicidad, cuanto mayor sea más lo será la entrega. Hacer partícipes a los colaboradores en los éxitos es garantía de tenerlos al lado.

Quienes consiguen que su parcela de trabajo funcione con sincronía cuentan con suficiente humildad, innata o adquirida, para situar en su mismo plano a quienes tiene a su alrededor. Si reconoce su valía, agradece su entrega y premia su esfuerzo, aunque sea con un simple "gracias" tiene garantizado el éxito.

El líder procura rodearse de personas más inteligentes que él. Él ha de desarrollar el sentido de la coordinación, la humildad para agradecer, saber lograr un buen ambiente de trabajo, pensar en los colaboradores como personas, ser cercano, escucharles, llamarles por un nombre, interesarse por ellos y sus gentes. Un trabajador satisfecho es un colaborador entusiasta.

El principal valor de la organización es el de los recursos humanos, pero éstos no son objetos que se cuentan sino personas que sienten penas, amores, desamores, expresan dolor y alegría, y piensan al igual que lo hace el líder aunque con otros objetivos de vida.

Los trabajadores son el mayor activo de la organización y ésta triunfará si también lo hacen ellos. La inversión en las personas es la más rentable. Su valoración ha de ser real y creíble, no sirve predicar sin dar trigo, ni intentar adularlas, saben cuándo el aprecio es cierto. Las relaciones humanas han de estar llenas de reciprocidad y verdad.

Para ello hay que estar convencido de la necesidad de mimar cada día las vivencias interpersonales. La inteligencia emocional es una asignatura pendiente de aprobación en las distintas fases de la vida.

Conocer la globalidad de la organización, maestro de todo, técnico de nada.
Dejar el conocimiento y las medallas para los colaboradores.

Quien ejerce de líder no tiene que ser el mejor experto en todas las materias, es un error pretenderlo.

Jefe no es el que más sabe sino quien mejor hace funcionar la organización.

Para ejercer el liderazgo de una actividad hay que tener un conocimiento global de ella, la especialización queda para quienes producen los actos o servicios.

El líder es persona capaz de ejercer acciones que aglutinen a todos los miembros de la empresa, aprovecha la capacidad de cada uno y ayuda a que mejoren.

El líder no puede cuestionarse su liderazgo si al comparar su conocimiento con el de sus colaboradores constata que es menor en varias áreas, no puede dominar todas las materias que afectan a su desempeño mejor que ellos, ni éstos pueden exhibirlos para cuestionarlo.

Quien ejerce la responsabilidad de una unidad no puede ir con la espada en alto porque sus subordinados entiendan, con falta de lealtad, que debe saber más que ellos.

La humildad debe acompañar a uno y a otros, no se trata

de competir sino de conseguir, ni de dividir sino de unir. No se trata de mirar en direcciones distintas sino en la misma. El líder ha de ser emocionalmente inteligente. Puede tener, o no, conocimiento exhaustivo, pero si quienes le rodean son leales lo tendrá a su disposición.

El líder ha de utilizar habilidades naturales o adquiridas para dirigir al grupo, con humildad para reconocer que no es la persona súper y agradecimiento a quienes trabajan con él, a éstos ha de ofrecer las medallas que se consigan.

Ejercer de líder es abrir el campo a quienes trabajan con él, agradecerles sin doblez su trabajo y sentarse a planificar con ellos actuaciones, estudiarlas, discutirlas en la puesta en común, corregirlas si hace al caso en sesiones donde la atmósfera sea agradable. Posiblemente lo dicho forme parte del sentido común, aunque a veces se observan actuaciones contrarias a él en las que priman actitudes relacionadas con la imposición que trasluce la falta de inteligencia del dominio de las emociones. La base del triunfo de un líder son quienes le ayudan.

El responsable de una unidad de trabajo ha de pasar lo más desapercibido posible, es mejor líder quien menos está presente en los distintos ámbitos en que actúe la organización. Líder no es quien de forma permanente vigila todo y a todos, eso demuestra que la organización no funciona y él es el responsable. La organización que se venga abajo al faltar el jefe temporal o accidentalmente no merece tal nombre.

Ser comunicador.
No ser isla.
Saber captar ideas y compartirlas.

El líder ha de ser persona comunicadora capaz de crear circuitos de información fluída en la que participen todos. Información es conocimiento, base del progreso determinado por la apuesta de hacer participar a los componentes de la empresa en cuantos más niveles mejor. En el puzzle todas las piezas son importantes. Participar el conocimiento es garantía de éxito, no hacerlo es convertirse en isla sin conexión con otros entornos que la enriquezcan, entre otras cuestiones porque si no se da no se recibe.

Ha de dar a conocer de forma ágil y clara preocupaciones y necesidades, dejar el protagonismo de las soluciones a sus trabajadores y guiarles. En la puesta en común de ideas para decidir, el líder cataliza, resume, anota y recuerda su progreso al revisarlas.

Ante cualquier duda ha de dejar clara la postura de la organización sin titubeos, de lo contrario la confianza de sus colaboradores mermará. Es preferible equivocarse que no definirse en la toma de decisiones.

Para el error está la corrección, para la falta de definición no hay más solución que la merma en la confianza del indeciso. Ser jefe implica asumir riesgos, reducir incertidumbres y fijar el rumbo aunque haya que rectificarlo.

Tener mano izquierda y capacidad de negociar. Ser crítico consigo mismo y con los demás, incluido el superior.

El líder debe ser persona que sin imponer ideas sea capaz de integrar y consensuar decisiones. Tras haber negociado no puede permitirse tirar por la borda el esfuerzo realizado por sus colaboradores. Para ello ha de argumentar con claridad pros y contras y convencer, de lo contrario eludirán participar en la próxima reunión.

Ha de ser crítico consigo mismo y con los demás y dejarse ayudar en el análisis de sus propios argumentos, es preferible desecharlos que imponerlos. Si hay planteamientos honestos habrá soluciones y a encontrarlas ayudarán quienes se sientan reconocidos y escuchados.

En un caso dado, ha de tener templanza y honestidad para enfrentarse con el superior. Quien es fuerte con el débil y débil con el fuerte no merece que se le diga líder o jefe. La dignidad en el desempeño de un puesto de trabajo está por encima de todo argumento y cabe la renuncia a él si no se mantiene y falta el sentido común.

En las organizaciones públicas, en donde los líderes no son naturales sino impuestos, cabe el ejercicio de la renuncia al puesto, comulgar con ruedas de molino no es ético.

Dentro de unas normas de respeto hacia las personas que puedan ejercer una acción incoherente, la actuación debe ser clara, no caben medias tintas cuando se trata de defender los intereses de la sociedad que es quien paga, aun a sabiendas de que lo que se diga no es del agrado del destinatario.

Ser adulador le invalida. De las organizaciones deben ser expulsadas las personas siseñor, aquellas que a todos quienes detenten poder reverencian sin ningún tipo de pudor siendo capaces de defender con el mismo ímpetu una idea y su contraria. La calidad está muy lejos de ellas.

Tener estilo propio, originalidad, autonomía, impronta y criterio. Admitir errores, reducir incertidumbres, hacerse obedecer sin ser odiado.

Es esencial tener estilo propio, bueno o malo, pero propio. El líder no puede ser copia de nadie, ha de tener identidad, ser él, como es, original en cuanto que ejerce el rol con el estilo que trasladará a la organización.

Al líder que tiene autonomía en su parcela se le identifica como original.

No se trata de imitar a nadie, cada uno tenemos suficientes resortes para definirnos respecto a los demás sin tener que aparentar ser otra persona por muy importante que sea ésta. Imitar a alguien suele reportar descrédito al copista si da la visión del impostor que en poco tiempo se descubre. Al líder se le identifica por su singularidad.

Ha de saber reírse de sí mismo, no tomarse con excesiva importancia la ocupación del cargo, no así el trabajo que implique el desempeño del puesto. Saber relativizar asuntos es garantía de no sentirse ombligo del mundo, característica que acompaña a quienes son mediocres en el planteamiento de su vida y dan más importancia a los accidentes que a la esencia.

95

Las personas solemos obviar en nuestro comportamiento los errores que cometemos, nos parece que transmiten notas negativas de nuestro ser. Por encima de ese pensamiento que acarrea comentarios jocosos, lo que define a las personas es su sencillez, nadie es infalible y quien trabaja puede equivocarse. Ser sencillo es admitir que quien ejerce un puesto en el vértice de la pirámide está hecho de la misma pasta que los demás, siendo un sujeto más sometido a la realidad del día a día que depara hechos diversos.

Reconocer el error deja algo más importante que el hecho mismo del error, queda en la memoria de la gente que fulano es honesto y que ante determinadas situaciones reacciona con sentido común. Frente a lo que pudiera creerse, acrecienta la consideración hacia él y le afianza. Lo que no cabe es intentar culpar a otros del propio error, el líder tiene que asumir los actos de sus subordinados hechos con buena fe, analizar por qué y ante qué se produce el error y velar porque no ocurra.

Por otra parte, la persona que ejerce responsabilidad en la pirámide de la organización, ha de reducir las incertidumbres. Los subordinados no tienen por qué ajustar sus actuaciones a supuestos que ellos puedan componer, es el líder quien ha de dejar cerrados los términos a tener en cuenta en el análisis y solución de procedimientos para la tramitación de asuntos.

La responsabilidad se ejerce de arriba hacia abajo, aunque cuando se presentan problemas los malos jefes pretenden desentenderse de las situaciones que ellos mismos crearon y apoyaron, aunque ni lo supieran por su ineptitud y pensaran que su firma era sinónimo de autoridad. De ellas obtuvieron beneficio mediante el mal ejercicio del poder que les otorgaba el cargo para el que se les presumía capaces. Lo demuestra la reciente historia política de España.

La honestidad es exigible a quien ejerce el poder.

De esta manera, el líder será obedecido sin ser odiado por el conjunto de características que denotan sentido común. Si esto ocurre, la parcela sobre la que actúe funcionará sin chirriar ni en trabajo ni en asuntos interpersonales, habrá logrado hacer fácil lo difícil y será más agradable el ambiente laboral y la vida de las personas.

Si al líder se le obedece a regañadientes y es contestado es mejor que abandone, la organización se lo agradecerá aunque para él sea una cura de humildad.

Ser proactivo, anticiparse. Saber leer entre líneas. Tener sensibilidad, percibir cambios sin que nadie los diga.

Es líder el que al ver a su gente detecta anomalías en la compostura de quien saluda o del grupo en general. Si conoce a quienes trabajan con él y se preocupa de ellos tendrá la sensibilidad necesaria para detectar cambios en sus estados de ánimo, preocupaciones e inquietudes que debe intentar ayudar a solucionar sean del carácter que sean.

Ha de preocuparse de que su grupo sea feliz, es garantía de cohesión. Trabaja con personas cargadas de circunstancias emocionales que determinan sus actuaciones y ha de aprender a estar a su lado aunque no lo aparente, quien necesite una palabra amable, un guiño, un abrazo, lo agradecerá.

Los gestos mueven el comportamiento y alivian el ánimo.

A veces, una palabra es un bálsamo al saberse importante para el otro. Sin necesidad de entrar en la intimidad de nadie, puede decirse con una sonrisa que se está al lado, invitar a un café, a un paseo, pedir su parecer por algo que nos afecta, dar las gracias por cualquier circunstancia.

Hay que hacer que quienes comparten el trabajo con nosotros lo pasen bien, se sientan queridos y sepan que importan, que son considerados, que cuentan con alguien a quien poder recurrir.

Ser flexible.

El líder no es persona inflexible en los planteamientos y estrategias, admite los pareceres de su gente y es capaz de rectificar el rumbo de su decisión para conseguir de una forma más fácil los objetivos. Es el referente del grupo y se pone al frente para conseguir cumplir con las obligaciones derivadas de la competencia encomendada.

Líder es quien reúne periódicamente a su gente, traza el camino a seguir, les escucha y decide con ellos cuáles son las posibles y mejores actuaciones. Líder será quien planifique las tareas a realizar en los tiempos correctos y se anticipe a ellas sabiendo que ocurrirán.

5.- Servicio Público.

Conjunto de actividades que, realizadas directamente o impulsadas y vigiladas por el Estado, cuidan el desarrollo y mejora de los derechos recogidos en la Constitución a favor de los ciudadanos.

El resultado del servicio público será el que determine la dignidad de las personas, concepto que resume la entrega del Estado a cada uno de sus ciudadanos.

El servicio que presta el Estado en la mayoría de los casos lo realiza mediante personal propio, funcionario público que debe garantizar la equidad a quienes acuden a recibirlo. Por ello es necesario enumerar actitudes, procesos e instrumentos con que contarán los trabajadores públicos para una mejor producción del mismo.

Las formaciones políticas han agitado discusiones sobre su amplitud, necesidad y gestión. Los planteamientos cíclicos siempre son interesados, unas veces para captar votos, otras para hacer negocio o tener puntos de referencias de lo que piensa la sociedad por sus reacciones. El campo de batalla que diseñan los políticos sobre las bondades de ciertas formas de gestión suele ser minado para la sociedad, será la perjudicada por las acciones privadas que suplan a las públicas.

El conjunto de acciones de servicio público que configura el Estado de Bienestar son la expresión de la solidaridad, uno de los mayores logros de la sociedad civilizada.

El hombre aislado está indefenso frente a las necesidades que le surgen día a día. Nadie es autosuficiente, necesitamos de los demás para salir adelante y desarrollarnos. Cada vez es más necesario que la fuerza común vele por las carencias particulares. Las personas estamos necesitadas de asistencia del resto de la sociedad para poder cumplir los objetivos de vida, por ello se pone en marcha el Estado social y de derecho que propugna la Constitución.

El Estado de Bienestar ha cohesionado la sociedad como elemento imprescindible para poder seguir mirando al futuro con confianza, ha elevado el nivel de autoestima, hace posible una sociedad menos infeliz y la igualdad en la dignidad.

Poner en duda su continuidad implica un retroceso que no debe permitirse. Se intenta mermar la solidaridad necesaria para que la sociedad siga cohesionada por el Estado de Bienestar que ayuda a hacer real la dignidad de las personas. Esta situación está provocada por varios factores, entre ellos porque los dirigentes que hasta hace pocas fechas predicaban su bondad ahora crean ideas para que desaparezca tal como lo conocemos. La razón está justificada, su volumen económico ofrece negocio, sólo hay que fundamentar la necesidad del cambio en la imposibilidad de su financiación pública, dar publicidad a esa idea y convertirla en propaganda. Esta tesis hace preguntarse para qué pagamos impuestos y qué objetivos se cubren con ellos.

Si hacer negocio del servicio público se lleva a término, la injusticia volverá a instalarse en una sociedad dividida entre quienes tienen mucho y quienes apenas nada. Desmantelar el Estado de Bienestar persigue beneficio económico. No hay más que ver las cifras que se manejan en la producción y pago de los servicios denominados sociales para anhelar tener en las manos su gestión. El presupuesto de gasto cerrado de 2011 en la Comunidad Valenciana fue de 15.165 millones de euros. Si esta Comunidad representa el 11% de España, el presupuesto liquidado por el conjunto del Estado en ese periodo debió ser en torno a los 140.000 millones, sin contar Ayuntamientos, Diputaciones y empresas públicas.

Desmantelar el Estado de Bienestar es una temeridad, su desintegración es un gran obstáculo para la convivencia. Hay síntomas de que el deterioro de los servicios públicos crea ansiedad en la población y puede convertirse en inseguridad. La sociedad no puede ser pacífica viendo cómo a su costa se hacen negocios truculentos, se reflota el capital de bancos robados y hundidos por sus gestores, etc. La justicia es difícil de aplicar a los poderosos salvo alguna rara excepción que se pretende anular. Se hace la vista gorda con la corrupción y se reducen derechos conseguidos en muchos años, lo que implica que la sociedad cada día es más pobre porque los logros sociales han supuesto a modo de un salario complementario.

Lo loable, lo deseable, lo debido a la sociedad es mantener el Estado de Bienestar para bien de todos, incluído el bien económico que su desarrollo suma a la economía global.

El mantenimiento del Estado de Bienestar debe realizarse desde el punto de vista de la sostenibilidad, ya se ha jugado bastante a ocultar la realidad envuelta en promesas que han hecho contraer obligaciones casi inasumibles. Posiblemente la sociedad estuviera en mejor situación de atención si desde hace treinta años se le hubiera explicado que todo tiene un precio y que éste lo pagamos todos. Esta capa cultural debe impulsarla el Estado y los medios de información que apoyen con imparcialidad debates en que se admita la pluralidad sin intromisión ideológica y de negocio, y se informe con verdad.

Es urgente que los líderes digan a la sociedad cuál es el alcance del conjunto de los servicios públicos para que ésta sea consciente en la toma de decisiones a la hora de emitir su voto. Clarificar la cartera de servicios públicos también es un acto necesario para que la incertidumbre deje de acuciar.

Las circunstancias económicas actuales, provocadas por acciones ajenas a la mayoría social, necesitan la existencia del Estado de Bienestar y hacen urgente un análisis sosegado de su dimensión y sostenibilidad en beneficio de la paz social. Para ello pueden ejercerse acciones del estilo siguiente:

. No admitir como servicio público cuestiones que no lo son, parques de ocio, televisiones públicas, construcciones megalómanas, circuitos de velocidad, externalizaciones de trabajos y servicios pagados a precio impuesto, asesoramiento externo prescindible, etc.

. Coordinar los gobiernos autonómicos sujetos activos de gasto y del que se achaca la responsabilidad a quienes nada han tenido que ver.

. Legislar con coherencia, exigir mesura, sistematizar las subvenciones y eliminar aquellas cuyo cometido pueda ser ejercido por el Estado, así como las que se dan a entidades con afiliados, seguidores y fieles.

. Replantear y redefinir componentes y límites del Estado de Bienestar y quién ha de prestar sus servicios. Este es uno de los puntos esenciales donde está en juego la cohesión de la sociedad. Los servicios públicos dejados en manos del capital se ofertarán a la baja en cantidad y en calidad para que el beneficio sea mayor.

Hay que garantizar que los prestadores del servicio no sean personas interesadas en el ámbito económico. Esto es posible, lo ha venido siendo hasta ahora, aunque es necesario corregir, mejorar y participar a la población en la actividad que procura bienestar a las personas y aporta mejoras.

Evolución del Servicio Público

Situación Individual	Situación colectiva intelectual	Situación colectiva económica	Concepto del individuo	Situación cultural del individuo.	Pensamiento.	Derechos
Necesidad	Analfabetismo.	Autarquía.	Súbdito.	Mutismo/ Miedo.	No existe/ Catolicismo.	No/ Caridad
Expectativa de desarrollo	Saliendo del analfabetismo	Incipiente apertura al exterior	De súbdito a pesona.	Lectura. Interiorismo.	Doctrina social católica.	No/ Caridad.
Desarrollismo Planes de Desarrollo	Formación universitaria.	Consumo.	De súbdito a ciudadano.	Preocupación polítia.Asocia cionismo	Prensa.	Cotizacio nes.
Desarrollo. Gran ciudad	Formación universitaria.	Ahorro. Bienes inmuebles.	Casi ciudadano.	Protestas.	Libre.	Cotizacio nes.
Estabilidad. Desarrollo	Incipiente solidaridad.	Ahorro. Bienes inmuebles.	Casi ciudadano.	Asociacio nismo.	Libre.	Cotizacio nes.
Estabilidad, integración Unión Europea	Solidaridad constitucional.	Consumo. Segunda residencia.	Ciudadano.	Partidos políticos. Participación.	Libre.	Sí. Universa lidad. Gratuidad
Crisis económica y de valores	Sumisión. Desorientación.	Retroceso económico en dos décadas.	Ciudadano con tendencia a súbdito.	Desorien tación.	Orientado. Publicidad y propaganda.	En retroceso.

Elaboración propia: Felipe López Moreno

Factores que influyen en su prestación.

En los años de exceso se ha potenciado el consumo de lo público que ha producido votos, además de deuda camuflada con argumentos de huída hacia delante que hubiera llevado a la quiebra a más de un territorio autónomo de haber sido empresa mercantil. Esta conducta debería ser delictiva, lo único que se perseguía era obtener votos como tributo a la apariencia.

Todo "gratis" implica demanda infinita. La responsabilidad del exceso de oferta no es atribuible a quienes demandan los servicios sino a quienes los ofertan para conseguir el poder. El engaño no puede seguir siendo moneda de cambio para recibir votos. El faraonísmo se instaló en la clase política que ofreció a la sociedad servicios como debidos, aunque no lo fueran, escondiendo intereses particulares, de clase y de partido. Las explicaciones de las organizaciones políticas han demostrado ser parafernalia como constata la realidad.

No es exagerado decir que en el ámbito político español se ha actuado como si todos los ciudadanos pudieramos comprar coches Ferrari mientras que en el particular nos ilusionamos con vehículos de precios asumibles.

El problema no lo han generado los gobernados sino los gobernantes, aquellos que han dirigido la sociedad y la han manejado como fábrica de votos para permanecer en el poder velando por sus intereses individuales o colectivos.

El servicio público, o lo que se pretendió que fuera, se desbocó, baste como muestra el botón de Valencia invadida por la megalomanía que asimiló el servicio a una inmensa burbuja de utopía.

La descentralización de servicios no puede mantenerse en los términos actuales por la enorme carga de salarios y la permanente oferta de proyectos que se realiza a la sociedad, a no ser que se suban los impuestos o se racionalice el día a día. Se ha hecho una prolongada carrera entre las Comunidades para ver cuál de ellas tenía mayor número de empleados públicos, sin analizar si el número de recursos traspasados con la competencia era suficiente para prestar el servicio recibido, claro que parte de estos recursos nuevos tras el traspaso obedecían, y obedecen, a criterios partidistas sin tener en cuenta los principios que la Constitución exige para el acceso a la condición de trabajador de la administración.

Algunas estructuras de poder están duplicadas sólo para acoger a ex-políticos y ofrecerles un medio de vida, como las Diputaciones. El Senado no tiene más sentido a no ser que se piense en asumir estructuras legislativas de las Comunidades. Fundaciones, empresas públicas y otras figuras del Estado y de las Comunidades también necesitan repensarse y suprimirse.

Es inviable, insostenible, innecesario y deshonesto tener instituciones públicas para acoger a expolíticos con sueldos suculentos por no hacer nada.

A la sociedad se le vendió todo como posible a sabiendas de que su pago no lo era. Sólo hay que analizar los informes de los revisores de las cuentas públicas de las Comunidades para comprobarlo, si bien deberían ser inteligibles para el común de la sociedad

A los administradores públicos les entró hace veintitantos años la prisa por hacer más y más. En una actividad frenética demostraron al mundo lo que eran capaces de hacer, pagar era otro cantar. La dinámica de hacer lo innecesario fue uno de los factores que ocasionó la situación de dificultad en que está la sociedad al haber gastado por anticipado las posibilidades económicas de varios lustros. Mientras tanto, una parte de la sociedad se enriqueció aprisa.

El político debe ser comparable al buen padre de familia del Código Civil. Un buen padre se esfuerza y sacrifica, pero no se hipoteca hasta las cejas para que luego la paguen sus hijos. Lo contrario reflejan los datos aparecidos en la prensa de las deudas asumidas por el Estado, Comunidades y otras instituciones como Ayuntamientos. No obstante si se analizan situaciones de políticos se ve que han progresado para si y para los suyos. Algo falla.

Lo descrito hasta aquí puede resumirse atendiendo a

Límites.

El límite del servicio debe ser la capacidad de gasto para prestarlo, equivalente a **los ingresos** que la sociedad dedica para llevarlo a cabo.

Al plantear este aspecto se define su **financiación**, cuantía de la recaudación que la sociedad dispone a través de sus representantes para atender necesidades sociales decididas por la ideología del grupo o grupos dominantes en los sujetos responsables de prestarlo, Estado, Comunidades y otros entes públicos.

Asignar los recursos a los servicios públicos no ha de tener fundamento en el deseo del gestor político sino en los ingresos efectivos. Esto ocurre en la administración de toda unidad de convivencia, sea familia, grupo, club,... pero cuando se actua en nombre de la política las decisiones no se toman con el sentido común sino que se impregnan de artimañas para aparecer ante los electores como gestores ideales, dignos de recibir la confianza en ese momento y en los futuros. Los politicos olvidan que los servicios sociales han de prestarse desde la asepsia ideológica, con criterios objetivos, consensuados con la población y sus representantes. Los servicios esenciales, educación, sanidad, policía, sociosanitario, no han de depender de ideólogos sino de técnicos.

Cuando se instauró la democracia en España, los partidos políticos hicieron lo imposible para situar a los ciudadanos en un nivel de servicios públicos similar al de otros países que ya tenían un Estado de Bienestar consolidado, esto es plausible porque las personas deberíamos tener los mismos derechos al menos en cuestiones básicas. España se incorporó a un tren en marcha a una velocidad superior a la que podían soportar las vías de que disponía, pero con un gran esfuerzo se lograron cotas de bienestar inimaginables en años anteriores.

La dignidad de las personas creció rápida al ritmo del servicio público con cargo al fututo. ¿El Estado cumplía así lo reflejado en la Constitución?

Las promesas de ser los primeros, los mejores, de dar más con menos, de pretender dejar pequeños a los gobernantes anteriores son causa del malestar actual.los políticos deberían haber nivelado gastos e ingresos en torno al concepto de **sostenibilidad** analizado con la luz de la **transparencia** que debe guiar la actuacion de los gestores públicos.

Pero no se hizo, al contrario, se acumulaban promesas, se agrandaba la extensión del Estado de Bienestar, el gobierno necesitaba propaganda para obtener votos con que seguir en el poder, y quien no lo tenía, la oposición, de igual manera para acceder a él.

Las promesas hicieron servicios públicos cuestiones que no lo eran y que al rebufo del éxito aparente de la gestión hicieron posible la España de las oportunidades, negocios con cargo al erario público revestidos de servicio que se tragó la sociedad como panacea.

La concepción propagandística de lo público vació la caja común que recurrió de forma permanente al endeudamiento que estranguló a la sociedad. Ahora procede dar marcha atrás, recuperar la normalidad del sentido común que nunca debió admitir como servicios públicos cuestiones que no lo eran.

Ningún gestor, por muy bueno que sea, puede repartir cinco unidades de algo si recibe cuatro. El político no debe ser oído si pretende hacer creer que es el mejor, el número uno, el mago que resuelve todo. De estos, España ha soportado a bastantes que han gestionado los intereses de la sociedad con ánimo faraónico mientras les creía absorta por publicidad, propaganda e ideologización.

De sus actuaciones se ha derivado un crecimiento de gasto superior al sostenible, por ello procede una revisión a fondo de:
. Los componentes del servicio público.
. La cartera de cada un de ellos, sanidad,
  educación, universidades, pensiones incompatibles
  con el trabajo aunque sea en tareas agrícolas...
. El abuso de la demanda de lo que creemos "gratis".
. El análisis de la deuda que generan.
. El sistema fiscal, etc.

Y habrá que hablar de:

. Disponibilidad social a la financiar servicios comunes.

. Racionalidad en el consumo, sostenibilidad, solidaridad, cultura, eficiencia y eficacia en la utilización de lo común.

. Eliminar la politización en la gestión de la cosa pública, la información sesgada, interesada y opaca.

. Dar contenido real a la oposición en las Instituciones.

. El rendimiento del personal y sus retribuciones que no pueden ser sometidas a presiones ni devaluaciones por la mala gestión de dirigentes, así como de los incentivos pagados a algunos cuerpos del Estado en vez de pagar salarios dignos.

. Potenciar la gestión directa de los servicios y eliminar la indirecta o de negocio.

. Eliminar la publicidad partidista de los servicios públicos.

. Potenciar los puntos de encuentro de partidos políticos para normalizar la gestión de lo que es patrimonio de todos.

. Legislar para apartar de la gestión política a quienes están en ella para gastar y conseguir votos haciendo realidad el mensaje de "Quien venga detrás... que lo arregle". La acción de tierra quemada debe inhabilitarlos.

La financiación de los servicios públicos ha de ajustarse a los ingresos. Su distribución ha de hacerse de tal manera que primen los servicios colectivos frente a otras concepciones presupuestarias donde se priorizan conceptos como los de subvención. Las subvenciones deben ser una excepción, no la regla. Lo dado en subvenciones debe formar parte de la financiación de los servicios producidos desde lo público. El Estado debe vigilar que los servicios sean homogéneos en todo el territorio. No hacerlo es contrario a la Constitución.

Descentralización de la gestión.

La descentralización de la gestión de los servicios públicos incrementa su coste, entre otras razones por la proximidad del gastador al receptor del que busca el voto. Los sujetos activos de los servicios son las Comunidades y pasan de ser uno a diecisiete.

Los responsables de prestarlos manejan los conceptos de identidad territorial, derechos históricos y la proximidad al ciudadano. El discurso que distintas organizaciones elaboran pasan por el deseo de ser las primeras en todo. Lo que pudiera resultar plausible no lo es, la razón es básica, no se manifiesta que el gasto no puede ser superior al ingreso, hacerlo sería ser transigente con el Estado a quien se tiene por responsable de la falta de instalaciones y servicios. Uno de los errores de los últimos treinta años fue separar la responsabilidad del gasto y del ingreso necesario para poder prestar el servicio, debido al ejercicio de una política irresponsable de quienes debieron haber actuado por el interés general, y la de quienes actuaron más allá de la prudencia debida en la gestión pública.

Dejar la responsabilidad de recaudar en el Estado y la de prestar los servicios en otros sujetos distintos, ha procurado la base de una visión maniquea de políticos ansiosos de gloria que centraban el discurso en la culpabilidad del Estado por darles menos dinero del que hacía falta, cuando gastaban mal el que correspondía según la ley.

Esta forma de proceder, constatable en las discusiones políticas sobre todo si los colores de los gobiernos del Estado y de las Comunidades son distintos, dibujó acciones económicas faltas de rigor en aquellas en que, creyéndose sus argumentos, lanzaron a la sociedad discursos victimistas a la espera de conseguir gastar más de lo que tenían.

La interpretación maniquea de la política ha producido una hipoteca difícil de digerir con el argumento ya conocido para conseguir votos de "Quien venga detrás, que arree".

El los análisis de los informes de los revisiores de cuentas de algunas Comunidades puede verse cómo se han generado derechos económicos sin base fiel, expectativas de ingresos adicionales del Estado por financiación injusta cuando, aún siendo así, no se defendió nunca al coincidir el color político de los gobiernos del Estado y de las Comunidades.

Las actuaciones político económicas incoherentes fueron potenciadas por quienes asumieron como públicos servicios que no lo eran, ni lo son, y que han supuesto negocios poco ajustables a servicios esenciales para la sociedad, que por otra parte ha visto mermados sus derechos sociales por la atención prestada a aquellos.

La base para todo esto se refleja en el cuadro siguiente.

Gracias al genio del autor de quien no conozco el nombre.

Los gastos deberían ser la equivalencia de los impuestos ingresados para producir los servicios, pero la concepción del corto plazo para alcanzar la gloria hace a los políticos perder la perspectiva de los principios de gestión económica, a la vez que crean un mundo virtual en el que sólo valen los votos para poder seguir gobernando.

Cada ciclo de mandato representa una escalada más en las necesidades para poder atender lo existente y lo creado con promesas. Se camina sobre alambre de funambulista en el vacío y se somete a la sociedad a mucha presión haciendo una bola de nieve que al final la aplasta.

Esta práctica deber ser desterrada de la acción política, pero como de motu propio no será factible, hay que regularla vinculando el patrimonio de los políticos a la gestión que hagan de lo público. Una sociedad no puede vivir más allá de las posibilidades que generen sus ingresos.

Hacer realidad la frase atribuida a San Ignacio de Loyola "Hay que hacer todo lo que se debe aunque se deba todo lo que se haga", es un sinsentido para sociedades sensatas.

Sostenibilidad.

Hacer sostenibles los servicios públicos básicos es velar por la sociedad diseñada en la Constitución cuando en su declaración de intenciones dice *"La Nación española, deseando establecer la justicia, la libertad y la seguridad y promover el bien de cuantos la integran, en el uso de su soberanía, proclama su voluntad de promover el progreso de la cultura y de la economía para asegurar a todos una digna calidad de vida".* Los servicios sociales son la protección que la sociedad se procura como medio para tener la vida digna que corresponde al ser humano. Esto que debe ser así ha de analizarse desde el punto de vista del dinamismo social que protegen los servicios.

La sociedad ha ido acumulando logros que han supuesto mejoras sustanciales en la calidad de vida gracias al esfuerzo común que ha permitido elevar el bienestar del conjunto y procurado su progreso.

El desarrollo obtenido mediante la puesta en común de esfuerzos contributivos o impuestos, base de la solidaridad, produjo beneficio social con diversos grados de satisfacción.

Ese grado de satisfacción hoy es objeto de revisionismo para hacerlo retroceder a décadas pasadas. La sociedad, según los políticos, ha de mermar su calidad de vida y ceder derechos consolidados. Esto hace volver a épocas en que se distinguian abismales diferencias entre ricos y pobres, contrarias a lo que dice la Constitución.

Si esto fuera así, los derechos volverían a las cloacas de la esclavitud, estadio perfecto para quienes se sienten poderosos en las instituciones desde las que deberían velar por todos en vez de apoderarse de ellas para dominarlos.

Frente a la situación que pretenden irreversible, cabe el análisis sereno de datos que pueden facilitar la comprensión de los problemas y el encauzamiento de soluciones para hacer sostenible el bien común, servicios públicos.

La sociedad necesita sosiego para analizar pros y contras de lo que le afecta. No se derrumba por conocer unos y otros planteamientos siempre que se analicen desde la buena fe y la consideración de igualdad de todas las personas, antes bien asumirá la realidad como lo ha hecho siempre.

Para ello, lo primero que ha de ponerse de manifiesto es que los servicios públicos tienen el contenido de la protección social de todos, no el beneficio de unos pocos.

Dicho lo anterior, cada época tiene unas connotaciones que influyen en la extensión y amplitud del servicio que la sociedad puede dedicar a sus miembros.

Gastos.

Los servicios sociales son para las personas que necesitan unos determinados en cada tramo de su vida. Por otra parte, los ingresos necesarios para poder prestarlos se dan a partir de la contribución económica generada en una franja de edad.

119

De esa actividad dependerá el ingreso en la caja común para hacer frente a los gastos de los servicios. Por eso es necesario vigilar la pirámide de edad para poder pensar en el Estado de bienestar futuro.

La **expectativa de vida** se ha duplicado en un siglo. En el año 1900 la esperanza de vida media de las mujeres era de 37 años y la de los hombres de 34, en el año 2007 es de 84,3 y 77 respectivamente.

Estos datos concluyen que las necesidades en servicios sociales aumentan progresivamente. Cabe analizar si todos los elementos necesarios para mantener el Estado de bienestar lo han hecho en igual cuantía, o el crecimiento se ha dedicado a otros menesteres.

La **longevidad,** las personas mayores de 65 años en el año 1981 son el 11,20 % de la población, en el 2000 el 17% y en 2007 el 20%. Se estima que en el 2050 sera del 36%. Este incremento atribuible a la mejora en la calidad de vida genera cronicidad atendida con fármacos que produce el denominado "envejecimiento del envejecimiento", aumento progresivo de población en la franja de los 80 años.

Cada día es mayor el tiempo que se vive desde que se deja la vida laboral y la necesidad de atención social.

En cierta medida, el Estado de Bienestar ha ido creciendo al ritmo de la expectativa de vida que demanda más sanidad, más servicios sociales y más pensiones.

Cuestiones políticas.

La necesidad de ocupar el poder crea promesas de forma permanente. Cuando se consolidan generan gasto con cargo al presupuesto público. Por otra parte, la sociedad aprovecha la necesidad de votos de los partidos para pedirles más ayudas, es cuestión de oferta y demanda.

Ingresos.
Tendencia a su disminución.

La virtualidad con que los políticos suelen contemplar la realidad hace que quieran el aumento de servicios con menos impuestos, bajarlos ocasiona la entrega de votos a formaciones políticas para obtener el poder. Esto tiene su fundamento en la condición humana que pasa a ser generosa en la idea y menos solidaria en la realidad.

Insolidaridad fiscal consentida.

El Estado no puede mantener una presión fiscal distraída a quienes más tienen, éstos deben a la sociedad su riqueza.

La falta de fiscalidad justa hace injusta a la sociedad. Las bolsas de fraude y la economía sumergida son fundamento de descontentos que acabarán en alteraciones de la paz social.

Esta cuestión ha de ponerse en relación al interés general y determinar las actitudes para conformar la convivencia.

Futuro.

La mesura en el deseo de los poderosos de amasar riqueza y la racionalidad en el comportamiento de los políticos son bases para hacer sostenibles los servicios públicos.

De igual manera, dimensionar los servicios públicos pasa por eliminar de este concepto aquellos que no lo son. En las últimas décadas han sido la panacea utilizada para crear un desarrollismo que, con cargo al erario público, distorsionó la economía, hipotecó a la sociedad y redujo la calidad de vida al recortar derechos.

Por otra parte, es necesario deslindar la prestación del servicio público de agentes privados, eliminar subvenciones a entidades y particulares que supongan un trato desigual a la sociedad, ajustar la dimensión de la administración pública y sus necesidades, eliminar las instituciones innecesarias, dejar de considerar la administración como coto particular de los partidos, repensar el diseño de las Comunidades Autónomas, incompatibilizar el trabajo de servidores públicos con el sector privado, fijar el acceso al desempeño de puestos de trabajo en la funcion pública sólo mediante procesos reglados basados en principios constitucionales, revisar las prestaciones sociales de quienes realicen algún tipo de trabajo que evite la creación de empleo en las ciudades o en las zonas rurales...

Servicios sociales y globalización.

Los logros sociales y los avances tecnológicos han puesto de manifiesto diferencias cada día más pronunciadas entre las poblaciones de la tierra. Conocer al instante las noticias que se generan en cada lugar las ha ido descubriendo.

La globalización y el acortamiento de distancias y tiempos entre los distintos lugares del mundo parece que transmitan la sensación de que ha mejorado la condición humana. Cabe mencionar las grandes declaraciones de los distintos poderes del mundo, político, financiero y religioso, dando apariencia de que el hombre ha evolucionado a mejor, que las personas en su totalidad han pasado a disfrutar de esos logros conseguidos alcanzando la igualdad, la fraternidad y la dignidad con la eliminación del sufrimiento. Su dimensión da fe cada día de lo contrario en los medios de comunicación.

El aserto de Hobbes "El hombre es lobo para el hombre" parecía llamado a ser olvidado. Pero no ha sido así. El mundo ha evolucionado de forma impensable hace cien años, hay más conocimiento, más comodidades, mas carreteras, más medios mecánicos, más productos para hacer plácida la vida, pero la condición humana ha retrocedido en valores necesarios para procurar dignidad y alegría a las personas a quienes la vida les puso en un lugar de nacimiento, les vistió de un color y les rodeó de unas circunstancias sin pedirles permiso.

La realidad es que cada día hay más diferencias entre personas y territorios. A mayor globalización, más sufrimiento y dolor para una parte de la población que tiene congelada la sonrisa a la espera de que la dignidad le alcance.

Las páginas de la historia se repiten en todas las épocas, la dominación de unas personas por otras parece ser el motivo de la vida de quienes han acaparado el poder y sustentado en los pilares de la desigualdad su ánimo depredador, olvidando que para conseguir sus objetivos toda su vida fue, es y será, un cúmulo de sinrazones que le harán vivir tensión permanente sin reportarle satisfacción alguna más allá de la gula, la lujuria, el dinero y el poder pues su estado de ánimo estará siempre alterado.

Creer que la vida es una guerra sin fin hace considerar a los demás enemigos y desiguales. Esta concepción maniquea tiñe todo de un solo color y priva a quien la tiene de la visión del resto de colores que se presentan ante la vista, o lo que es lo mismo, convierte a este sujeto en ciego.

Pero lo malo, aun siendo malo, no es que varias personas o miles de ellas, permanezcan ciegas al haber apostado por conseguirlo. Lo malo es que quienes pierden la visión de lo que debería ser habitual en el hombre, compartir, respetar, amar, ayudar, sonreír, ponen esfuerzo en tener, disponer, sojuzgar e impedir que los demás disfruten de una vida digna. Son una fábrica de sufrimiento y dolor.

En nombre de la verdad y valores falsos, la humanidad ha producido episodios atroces despreciando la vida de millones de personas, la mayoría amparados en ideas seudorreligiosas que, predicando amor, lo que hicieron, y hacen, fue derramar sangre inocente y robar para acumular riqueza y poder.

En la edad actual del conocimiento, cuando desaparecen las fronteras y las banderas parecen dulcificar su significado, cuando se pretende vender como un bien necesario para la humanidad la globalización económica, resulta que el mundo ha quedado más desprotegido por la avaricia de los poderosos que dominan el mundo mediante el miedo y la manipulación que dulcifica la codicia, sin hablar de quienes utilizan, además, la fuerza y la violencia.

Fruto de esa avaricia puede decirse que el quince por ciento de la población del mundo tiene el ochenta por ciento de los bienes que hay en él. La injusticia no puede ser más palmaria. El uno por ciento de la población de EEUU tiene el veinte por ciento de la riqueza total del país en 2014, en España otro tanto.

La globalización debe de estar al servicio de la diversidad de poblaciones y razas, pero la diversidad no debe estarlo al servicio de la globalidad, eso es mantener la esclavitud como modelo de comportamiento humano.

En nombre de la globalización no puede señalarse a ninguna persona de extranjera cuando el dios que tenemos en occidente es judío, el coche japonés, la pizza italiana, el gas argelino, el café brasileño, las vacaciones marroquíes, las cifras árabes, las letras latinas... Si esto es así ¿Cómo podemos ser capaces de llamar a alguien extranjero, expulsarlo de nuestro alrededor y dejarlo presa del sufrimiento?

Gracias al autor de quien no conozco el nombre

La sociedad ha actuado, actúa y actuará de forma similar a la que se desprende de esta viñeta en donde el ingenio refleja el comportamiento egoísta del hombre, único animal capaz de acaparar más de lo necesario.

Queda patente en la viñeta la insolidaridad de una parte del mundo con la otra, de la que se ha hecho con el control de sus bienes dejándola en la miseria.

De la misma manera que se ha globalizado la economía, también pudiera globalizarse el dolor derivado de la situación injusta que millones de personas sufren como consecuencia de la avaricia de quien detentan el poder en sus diversas formas.

Si el denominado mundo desarrollado sigue empeñado en mantener y agrandar las diferencias y vilipendiar a cantidades ingentes de personas, la sociedad mundial saldrá malparada, llegará un momento en que la injusticia hará reventar los corsés con que la intentan contener y contentar como mayoría silenciosa y sufriente. Algo así se va anunciando con la llegada permanente de inmigrantes a tierras en las que ellos piensan poder alcanzar una vida mejor.

No es posible seguir poniendo vallas protectoras al mundo opulento mientras el otro, el denominado tercero o cuarto, pasa hambre y asiste atónito a los continuos robos y expolios de su riqueza.

Lo que debe hacer el mundo opulento, el occidental, los poderosos, es crear riqueza en los territorios pobres en vez de robarles. No se esquilmaría la tierra que abandonan quienes ven más esperanza en lugares lejanos en donde se les recibe como si llevaran la peste, ni denigrar a las personas mediante la esclavitud de toda índole.

Por otra parte, los territorios abandonados, porque en ellos no hay nada que esperar, no se quedarían despoblados y sin futuro, pues son sus jóvenes quienes se marchan a la aventura de intentar conseguir una vida mejor, sabedores de que pueden dejarse la suya en cualquier trozo del camino que recorrerán llenos de dolor.

Pero el mundo occidental carece de conciencia para ver las consecuencias que pueden derivarse de la situación injusta en que viven millones de personas. Ni siquiera es capaz de ver que la llegada masiva de gentes sin esperanza, a pesar de que aportan juventud a la sociedad a la que llegan, lo que produce es la bajada de la calidad de vida, la misma riqueza hay que repartirla entre mayor número. Como consecuencia, el nivel de vida de la población disminuye, mientras en su tierra de origen se produce una despoblación paulatina pues quienes son aptos para crear futuro se lo llevan con ellos a otra parte, aunque a donde pretenden llevarlo se lo pinten de negro.

¿Qué hacer?

La tierra pertenece a todos por igual, aunque unos pocos se encargan de que no sea así, y puede generar riqueza para que todas las personas tengan dignidad y calidad de vida. Las palabras de los poderosos también lo reconocen aunque a la hora de la verdad se queden en letra impresa llenando mítines, sermones y estanterías.

El desarrollo de un territorio determinado, de una nación, pertenece a sus residentes. La llegada de población sin medios minora sus posibilidades. Este hecho provoca un deterioro en la población autóctona pues ha de dedicar medios a quienes llegan.

La recepción de grandes bolsas de población en Europa se ha convertido en un problema de la Unión. Ninguna nación en particular puede asumir la llegada de inmigrantes al ritmo de los últimos años. La única política posible es que se genere riqueza en los países de donde proceden. No hacerlo implicará desestabilización, hará crecer la rabia de la frustración que dará paso a la violencia social que se va adivinando en los tristes acontecimientos que invaden el mundo.

Mientras no se corrijan las actuaciones políticas sobre la inmigración, hay que compartir de manera forzosa la riqueza con quienes llegan en busca de esperanza. La sociedad no puede dejar que baje el nivel de calidad de vida que consiguió. De no actuar correctamente con las personas que llegan se correrá el riesgo de padecer enfermedades olvidadas, crecerá la violencia, se radicalizará la convivencia por la exclusión y marginación, entre otras cuestiones porque quien no tiene más que sufrimiento nada tiene que perder salvo la vida que a buen seguro se jugará por conseguir tenerla mejor .

La globalización que ha eliminado diques y compuertas no ha buscado alternativas para quienes siguen sin tener nada. La parte de la población que ve la inmigración como un inmenso riesgo ha de ponerse en la piel de los inmigrantes y decir qué haría en su caso. Debemos bajar el listón de la insolidaridad. Es cuestión de compartir aunque de forma reglada, máxime cuando a las sociedades de donde proceden las personas en busca de dignidad se les ha robado su riqueza, y buscar soluciones que mejoren la vida de cada pueblo.

Aunque sólo sea por egoísmo, la sociedad occidental tiene que buscar soluciones que hagan posible el desarrollo de las personas del mundo globalizado. La paz, desprotegida dada la codicia humana, peligra.

En el siglo veintiuno no tiene sentido poner fronteras para preservar bienes atesorados por avaricia, éstas saltarán ante la necesidad de procurarse alimentos y no seguir viendo a los hijos pasar hambre mientras una parte privilegiada, insensible al sufrimiento, dilapida bienes que harían agradable la vida a un gran número de personas cuya única propiedad es el dolor.

No tiene sentido seguir a la espera de que quienes hablan de igualdad entre personas y de amor como símbolo universal, digan que luchan por conseguirlo mientras se parapetan tras "actuaciones políticamente correctas".

Defender en la asepsia del laboratorio ideológico ciertas ideas, viendo que el mundo habita la pocilga de la hipocresía, no es humano, y mucho menos cristiano, musulmán o budista, es lo contrario al amor que se predica.

Como contrapartida, no hay derecho a que países como España reciban y soporten inmigrantes de mala voluntad cuyo fin es el engaño, el robo y la maldad. Han de ser expulsados sin posibilidad de regreso. Las mafias de cualquier estilo que hacen del engaño, del robo y la violencia su motivo de vida son una lacra y no deben ser admitidas en ningún sitio del mundo, quienes las forman no son dignos de ser recibidos. Parte de ellas se evitarían legalizando las drogas.

Sanidad

La Universalización de la asistencia sanitaria.

La pugna entre capitalismo y comunismo se saldó a favor del primero como sistema capaz de generar más riqueza al estimular las fuerzas productivas. Para ello debió corregir su filosofía "Dejar hacer, dejar pasar", aceptando regulaciones y cediendo parte de la soberanía sobre el dinero a la sociedad.

En Europa se impuso un sistema productivo capitalista, se eligió un modelo de reparto socialista que pone en manos del Estado el 50% de la riqueza nacional.

La Social Democracia gasta gran parte de lo que recoge mediante impuestos en servicios sociales, ha construido una sociedad en la que los ciudadanos acceden a bienes comunes para conseguir una calidad de vida que permite su desarrollo, base para que hayan pasado en 100 años en su esperanza de vida de 35 o 40 años a 75 y 80.

Desde un punto de vista científico, el mundo ha avanzado en 100 años más que en los 3 millones anteriores. Miles de descubrimientos de toda clase han cambiado la forma de vivir. Las creencias, las pautas de conducta, la moral, las ideologías están en crisis intentando asimilar un proceso acelerado de cambios.

En Medicina, conocer el mapa genético es la posibilidad más espectacular de conocimiento del hombre (Severo Ochoa, premio Nóbel en 1961), la clonación se abre camino...

La biología molecular y la ingeniería genética han abierto horizontes a la ciencia médica de incalculables posibilidades y "no pocos riesgos de carácter moral", de la moral que parte de la sociedad impone a otra en nombre de una concepción de la vida, impulsada por ideas arcaicas y falsas del dios que les beneficia, al que ni piensan, ni respetan, ni aman si no es para aprovecharse de él, porque en su nombre se ha dominado el mundo a lo largo de la historia.

Desde el punto de vista diagnóstico el arsenal es enorme, imágenes computerizadas, marcadores, biopsias,... aunque el principal aparato para el médico sigue siendo la silla, como decía Marañón. Desde el tratamiento, otro tanto, antibióticos, hormonas, vitaminas,... La formación se da en un ciclo de seis años más tres o cinco de práctica asistida. La mujer accede a la profesión médica y se institucionaliza una sanidad socializada. Las especialidades crecen, radiología, anatomía patológica, etc. Surgen ciencias de apoyo, soporte y potenciación, arquitectura sanitaria, derecho sanitario,... El hospital es punto asistencial y lugar en donde se reúnen los profesionales para determinar actuaciones para la mejora de la salud y la utilización óptima de los medios.

La sanidad, que se ha considerado a modo de un salario social, parte de la plusvalía que la clase obrera ha conquistado con el trabajo, se organiza en el Sistema Nacional de Salud que pone la ciencia de la salud al servicio de la sociedad.

Desde los partidos políticos, con el fin de conseguir votos, a veces se ha tendido a ocultar o difuminar el coste del servicio con afirmaciones como "la salud no tiene precio". Para quien la tiene no es posible ponerlo, pero la obligación de mantenerla, acrecentarla y mejorarla es otra cuestión. La salud, al igual que la cultura, es cara pero debida. El dilema es cómo determinar los criterios del reparto de su coste y trasladar a la población una información veraz.

Punto de partida del servicio sanitario público actual. Constitución Española. Art. 43.

1.- Se reconoce el derecho a la protección de la salud.

2.- Compete a los poderes públicos organizar y tutelar la salud pública a través de medidas preventivas, prestaciones y servicios necesarios. La Ley establecerá derechos y deberes de todos al respecto.

3.- Los poderes públicos fomentarán la educación física, la sanitaria y el deporte.

Asimismo facilitarán la adecuada utilización del ocio.

Si añadimos el artículo 1,1 *"España se constituye en un Estado social y democrático de derecho, que propugna como valores superiores de su ordenamiento jurídico la libertad, la justicia, la igualdad..."*...y aquellas intenciones desgranadas a lo largo del texto constitucional como

Art. 10,1: *La dignidad de la persona,...*

Art.14: Todos los españoles son iguales ante la ley sin que pueda prevalecer discriminación por raza, sexo, nacimiento, religión, opinión o cualquier otra condición o circunstancia personal o social.

Tendremos una aproximación a las líneas que delimitan el servicio público sanitario.

El artículo 14 propugna la universalización de derechos y exige que su recepción por cada individuo lo sea con carácter igualitario respecto a los demás ciudadanos de la sociedad a la que pertenece, en este caso a la española. Cada uno de los derechos proclamados en la Constitución mirará el contenido de este artículo a la hora de su concreción en los ciudadanos.

Además de lo anterior, hemos de poner de manifiesto otra serie de indicaciones, la normativa de la UE, las declaraciones /intenciones de la OMS que ponen de manifiesto la necesidad de impulsar políticas de equidad y solidaridad para conseguir calidad de vida. Para ello hay que contar con nuevos imputs que sumarán coste al servicio sanitario desde el lado de la demanda y la tecnología, con origen y consecuencia en mayor longevidad de la población, de tal manera que la tendencia será difuminar la frontera entre el servicio sanitario y el socio-sanitario.

La pregunta que contestar está en torno a la sostenibilidad y las acciones para lograrla.

Para mantener los beneficios del sistema de salud se hace necesaria la permanente revisión de su sostenibilidad, lo contrario puede acarrear consecuencias de difícil solución. La universalidad de la asistencia y su "gratuidad" deben provocar reflexión sosegada y un pacto social que delimite cuestiones tan sencillas como la dimensión del servicio desde la óptica de las posibilidades fiscales y el ánimo solidario de la sociedad.

Al mencionar el servicio sanitario se habla de complejidad y de gestión de las paradojas, gratuidad de servicio frente a escasez de medios, universalización gratuita, cotización ligada a la percepción del servicio financiado por impuestos, equidad y justicia natural, inclusive paz social.

Si se añade la dificultad de gestión del Sistema Nacional de Salud, ejecutado por tantos agentes como Comunidades, esa complejidad se incrementará por las divergencias entre ellos, sobre todo porque ningún prestador es responsable de los ingresos para cubrir el coste del servicio. Esto puede hacer insostenible el sistema.

Por ello es necesario hablar de priorización. Los políticos son responsables de aplicar los recursos en un sentido u otro. Con el conocimiento de las aportaciones que hace la sociedad, con el pago de impuestos, pueden y deben hacer la previsión del gasto con una u otra orientación.

Si no se realiza una reflexión tranquila y responsable, el gasto será imparable e imposible de financiar en los términos actuales.

Hace falta encontrar fórmulas que eviten la quiebra del sistema, su mantenimiento pasa por una mayor consciencia del gasto. El servicio público sanitario se puede mantener pero no en una forma ilimitada. Hay que analizar el gasto a cargo del Estado y ver si ciertos privilegios pueden mantenerse, desigualdades en los salarios de quienes ejercen la función pública, con marcadas diferencias entre cuerpos, subvenciones arcaicas y anodinas, contrataciones arbitrarias de personal cuando se predica lo contrario, poca exigencia de rendimiento, pagos de productividad injustificables en diversos cuerpos al servicio del Estado, pagos a expolíticos y los derivados de esta condición, escoltas y viajes, siendo conocidas sus abultadas retribuciones por desempeñar tareas que no hubieran tenido si no fuera por haber sido lo que fueron.

Sería conveniente equiparar a los líderes políticos con la figura del "buen padre de familia" que se esfuerza hasta el límite con los medios que tiene para atender las posibilidades de su familia, e inclusive hipoteca de una forma razonable el futuro de sus ingresos, pero lo que no hace es atender todos los deseos de los miembros de su familia sean cuales sean, aunque de ello dependan los votos.

En las Comunidades se corre el riesgo de ampliar de tal manera el gasto que resulte infinanciable, las dificultades para financiarlo son inmensas, la deuda cada día mayor, no se pone freno al gasto, se pretende llegar a todos los rincones en un desenfreno político de acaparar votos.

Si en cada parcela del servicio público ocurre lo mismo, cualquier día nos encontramos en un callejón cuya única salida será el "recopago amplio", y no sólo en el ámbito sanitario. "Recopago" porque cada ciudadano ya contribuye para recibir los servicios públicos sin ninguna otra exigencia adicional.

Amparados en la mejora del servicio público, los políticos encontraron una fórmula para captar votos, se dedicaron a comunicar los logros y a mejorar las ofertas sin pensar en el coste. Toda propuesta de gasto debe llevar aparejada la financiación, es preceptivo hacerlo.

Se pretende atender todas las necesidades actuales y las que se hacen surgir mediante el marketing. En lo sanitario esto implica grandes consumos de tecnología y productos.

¿Dónde poner el límite?

Cada uno puede posicionarse donde le convenga y estime, pero es imprescindible adoptar medidas coherentes y nivelar los gastos con los ingresos que los hacen posible. Lo contrario implica una grave hipoteca a medio y largo plazo.

La historia de la prestación sanitaria es la del paso de la Beneficencia al diseño de los Planes de Salud Pública de un Estado moderno que incide en la consideración de la persona como ciudadano.

La universalización de prestaciones está garantizada en la ley pero sobre todo en la voluntad de los ciudadanos que, por el hecho de serlo, tenemos el derecho a cobertura sanitaria plena y eficaz en el cuidado de la salud. Pero no basta esto, la frontera se sigue ampliando con la perspectiva de la calidad y la excelencia en la prestación. No ha de perderse de vista que esto ocasiona más gasto, que no hay magia en la gestión del servicio. Las pócimas, los edificios, los instrumentos, cuestan.

Los sistemas sanitarios occidentales son el exponente de las políticas de protección social y bienestar del ciudadano. Su papel ha ido siendo cada día más preeminente en el desarrollo de las sociedades en los últimos tiempos, de hecho, los Estados modernos se reconocen por tener mecanismos de cobertura sanitaria para la población que ha duplicado la espectativa de vida en poco más de un siglo.

En paralelo a lo anterior, los ciudadanos han adquirido un nuevo comportamiento en la demanda de servicios sanitarios, de tal manera que a ésta se han sumado otros condicionantes, proximidad, rapidez, calidad y participación en las decisiones.

Los sistemas sanitarios del mundo occidental ponen de manifiesto el valor de la solidaridad y la cohesión social, todos tenemos derecho a los productos sanitarios en igualdad, pero no hay que perder de vista que las condiciones actuales de la sociedad potencian el gasto sanitario, no así los ingresos. Hay que priorizar.

La cobertura sanitaria universal y gratuita es necesaria para la sociedad y no debe permitirse que el sistema que la hace posible se deteriore, por ello hay que estar en alerta, corregir las desviaciones del sistema, tonificarlo, revisarlo, adoptar las medidas que sean necesarias con el fin de que la dignidad de la persona no sufra merma. Mantener el valor que lo sanitario añade a la sociedad es esencial.

¿Cómo queremos que nos llegue el servicio sanitario? ¿Quién ha de prestarlo?

Dejando a salvo la calificación del servicio sanitario como público, cuestión que debe ser irrenunciable para la sociedad pues está en juego la equidad, hemos de determinar el sujeto que queremos que nos preste el servicio.

En los servicios públicos, la ley del péndulo es inevitable, cada equis tiempo salen a la luz asuntos que fueron olvidados hace años. Reaparecen términos para la discusión que ponen de manifiesto la dificultad de inventar formas nuevas, aunque por el mero hecho de hacerlas resurgir se trate de adornarlas de novedad por unos u otros intereses.

Amparados en diversas manifestaciones realizadas por los grupos políticos, desde hace años se está abriendo el mundo público sanitario al empresarial privado. Se hace tomando como base motivos de eficacia y eficiencia, como si lo privado implicara mejor gestión de medios e instrumentos, cuestión falsa desde su raiz. Ambas formas coinciden en lo esencial, son sistemas de gestión y cada uno tiene reglas y tiempos, aunque lo bueno es analizar las diferencias y sopesar si éstas son la causa del gasto o del ahorro y corregir, en su caso. Lo privado debe ser complementario y accesorio del servicio público, no alternativa para el común de la sociedad.

La solidaridad del sistema público no puede dejarse en manos del mundo empresarial, por principio insolidario. El servicio sanitario, desde que parte de sus componentes se han puesto en manos del mundo de las empresas, no ha minorado el coste global. Otro aspecto es que si las empresas amplian su abanico en la prestación llegará un día en que dejarán de atender la parte del servicio que no sea rentable, lo prestarán con ánimo mercantil, dejarán de lado lo conseguido y aquello que hoy se pretende en el mundo de la calidad y la excelencia.

Ha de analizarse la homogeneización en la prestación del servicio público para que los ciudadanos tengamos la misma posibilidad, sea cual sea el territorio en donde vivamos dentro de una misma región o país, lo contrario es entrar en el ámbito de diferencias. Conseguir el servicio justo es imprescindible para la vida según las posibilidades económicas del sujeto que lo demande.

La historia de las privatizaciones ha puesto de manifiesto la merma y la deslegitimación de los servicios públicos y su encarecimiento. De todos es conocido que en EEUU el sistema sanitario no tiene carácter universal mientras que se gastan un 15% del PIB frente a un 7, 8 o 9% en los países europeos. En EEUU la burocracia privada encarece el servicio, además de que allí hay que pagarlo tenga o no dinero quien lo necesita.

En EEUU, hace unos años el seis por ciento de la población podía financiarse el tratamiento del SIDA, trasplantar un riñón puede costar doscientos mil dólares, en España son gratuitos.

Conocer estas noticias y similares debe obligar a priorizar prestaciones y otros asuntos si se quiere hacer sostenible el sistema social actual.

Para delimitar conceptos sobre el prestador del servicio, ha de tenerse en cuenta que **la empresa privada necesita pacientes (clientes), la pública no.**

El concepto de prevención de salud es público, no privado. El gasto necesario para la prevención se puede hacer desde lo público aunque su rentabilidad no se manifieste a corto plazo, desde lo privado no se hace, no es rentable.

Siendo el servicio sanitario caro, hay que procurar que su cobertura no se resienta, es legítimo y necesario encontrar vías para reducir coste y fijarlo términos justos, inclusive revisar el rendimiento de los trabajadores públicos.

La sanidad es sector estratégico social y hay que excluírlo del mercado, al igual que otros servicios sociales.

Si se admite esto, manifestado con carácter universal en la Constitución Española, la provisión y la gestión del servicio sanitario debe hacerse desde lo público, con medios públicos obtenidos con carácter solidario, aplicando criterios rígidos a partir de una legislación que haga posible diseñar medidas y sistemas de trabajo acordes con los principios diseminados en ella, compatibles con exigencia de responsabilidad en todos los niveles de la organización.

¿Quién ha dicho que desde lo público no se pueden aplicar medidas de empresa? ¿Por qué no se profesionaliza de una vez la dirección pública en cuestiones de carácter técnico? ¿Por qué no se despolitiza la gestión pública si es un servicio debido a la sociedad?

Ya que uno de los principios de gestión es la participación de la sociedad mediante sus representantes en la toma de decisiones, ¿Por qué no se habla claro de la financiación de todos los territorios y se hace demagogia con los servicios sociales?

La gestión privada empequeñece la dimensión solidaria del servicio público. A veces hay progresos que son retrocesos. La pretendida mejora de formas "no públicas" de gestionar esconde ensayos porque viene bien a la política de turno decir que lo existente es malo, como forma de arremeter contra lo realizado por el gobierno anterior para desprestigiarlo y, de paso, enfrentar a los gestores anteriores y actuales.

La sucesión de los gobiernos debería servir para enlazar mejoras, no para romper tendencias, máxime cuando los servicios sociales, por ser intrínsecamente deficitarios, han de dejar pocas posibilidades al negocio mercantil.

Escasez de medios y sistemas sanitarios.

Uno de los primeros principios que quienes pretenden iniciarse en el estudio de las ciencias económicas aprenden es el siguiente, *"Economía es el arte de obtener buenos objetivos con recursos escasos"*. Se evidencia el dogma de que no hay a nuestra disposición tantos recursos como deseamos, si los tuviéramos no serían suficientes para saciar los deseos de mañana.

Los recursos y el arte de gobernarlos serán el handicap que tendremos a lo largo de la vida, sea la natural propia, o la profesional. Siempre podremos obtener más si tenemos más. El problema estriba en administrar, en gestionar los recursos para dar cobertura a las necesidades presentes o futuras.

Basta mirar alrededor para percibir que esta afirmación es cierta. Es evidente que los recursos son escasos, las noticias confirman cada día que en tal pueblo se pasa hambre, que en otro piden ayuda para paliar consecuencias de las catástrofes naturales, que los recortes ponen en peligro a un gran número de personas, que en nuestra ciudad no hay suficientes colegios, que todos los pueblos de nuestra CCAA quieren centro de salud, biblioteca, polideportivo, mejores carreteras, residencia para los ancianos, etc.

Si hay deseos de satisfacer necesidades aún escasean los recursos, con independencia de que se hayan conseguido otros muchos objetivos.

La sociedad siempre tendrá más proyectos que medios. La fórmula del reparto ha de aliviar los problemas.

Hablamos de las aportaciones de la sociedad estructurada alrededor del principio de igualdad. En concreto, la sanidad como derecho nace a partir de la existencia de este principio y de su evolución, y pasa de ser derecho individual a colectivo con lo que esto implica de financiación común.

La historia refleja la evolución del concepto de sanidad paralelo al de las concepciones filosóficas, religiosas, políticas y culturales. En Grecia se partía de diferencias entre hombres inferiores, guardianes, gobernantes. Platón considera que hay tratamientos para ciudadanos ricos y otros para los artesanos. Esta concepción sigue en la Edad Media, pobres y artesanos, ciudadanos libres y ricos. Los derechos nacen con la estamentalización de la sociedad que obtiene derechos a costa de los otros. Con la Revolución Francesa nacen los conceptos de libertad, respeto a las personas e igualdad esencial para todos los seres humanos. No obstante, éste no determina en su inicio el derecho a la sanitaria porque la salud se considera derecho individual y no colectivo, propio de cada uno y como tal de responsabilidad del individuo y su familia.

El derecho sanitario se va perfilando con la historia. En la década de los años sesenta surge el concepto de salud como colectivo, derecho para todos con carácter universal. Después aparecen posiciones sobre el coste y su carga y se plantean cuestiones como:

. La viabilidad del sistema.
. La obligación de atender a todos los enfermos con recursos globales.
. El alcance del servicio sanitario.
. La justicia y caridad respecto de la asistencia.
. La relación coste beneficio en las prestaciones.
. El alcance de la justicia distributiva en este ámbito.
. El carácter limitado o ilimitado de la prestación sanitaria.

El concepto de igualdad ha de utilizarse para asistir a todo individuo tenga o no recursos. La interpretación del derecho ha de contemplarse desde el punto de vista que transforma la sociedad y obliga a condiciones de igualdad real y efectiva, sin discriminaciones pues es valor jurídico superior de la CE.

No obstante, la pregunta final a todo argumento siempre es la misma ¿Quién paga? La respuesta en el ámbito sanitario es el Estado, pero, ¿Puede con todo?

La Ley 14/86, General de Sanidad, fija el principio de igualdad sanitaria respecto a los españoles y los extranjeros que tengan establecida su residencia en el territorio nacional. Es clara la Ley cuando dice que el acceso a las prestaciones sanitarias ha de realizarse en condiciones de igualdad efectiva y que la política de salud ha de orientarse a la superación de los desequilibrios territoriales y sociales.

Para hacer realidad las posibilidades enunciadas en la Constitución se ha recorrido un arduo camino que ha logrado mejorar la sociedad.

En su consecución ha sido esencial la transformación que el hombre ha experimentado asociado a los conceptos de súbdito y ciudadano. De una parte la sumisión y la petición de favor para poder vivir, de otra la libertad y la exhibición de derechos subjetivos otorgados por la Constitución a la persona que puede exigir frente a los demás, el sometimiento a unas normas impuestas frente a otras consensuadas por toda la colectividad y con el mismo nivel de exigencia. La recepción de dádivas en forma de caridad por contraposición a los servicios debidos por la sociedad a todos los ciudadanos. La gratitud al benefactor que ejerce sometimiento implícito de quien recibe la caridad, y la tranquilidad de que ninguna persona tenga que acudir sumisa a recibir lo que le corresponde como parte de la sociedad en la que se integra y a cuya existencia contribuye.

El cambio de concepción surge de la Revolución Francesa que pone bases para hacer efectiva la igualdad. Siendo ciertos los argumentos, tambien lo es que el gasto sanitario implica un desequilibrio en el ambito público, la demanda supera los recursos que se ponen a su disposición. El dinero tiene un techo, la demanda no.

El ciudadano considera que el derecho sanitario no puede limitarse, restringirse ni condicionarse. ¿Esto es defendible? La cuestión es elegir entre opciones:

a) No debe limitarse la asistencia, se plantea la forma de gestionarla.

b) Es inevitable limitar la asistencia, han de establecerse criterios justos y explícitos. La cuestión es fijar el marco de restricción.

Dentro de estas posturas está la realidad de cada país. En algunos se establecen criterios de priorización, de limitación, de copago, etc. En Suecia se plantea la priorización bajo los criterios de dignidad humana, solidaridad y coste-efectividad. En otros países se presta atención en función de los grupos afectados, los más pobres, Oregón, en España se hace bajo la fórmula de catálogo de prestaciones obligatorias.

Gestión y alternativas.

A pesar de las diferencias sustanciales en la financiación de las CCAA que discrimina a unas frente a otras, debido a las Leyes que sobre esta materia se han sucedido desde 1998, Acuerdo de Financiación 1998 / 2001, Ley 21 / 2001, de 27 de diciembre, de Financiación de las Comunidades Autónomas de régimen común y Ciudades con Estatuto, y la actual 22/2009, de 23 de diciembre, de Financiación de las Comunidades de régimen común y Ciudades con Estatuto, la sanidad ha sido un banderín de enganche enarbolado por los distintos gobiernos para obtener votos.

En las últimas décadas proliferaron alegrías en la parcela sanitaria. Se buscaron fórmulas de éxito a corto plazo y se lanzaron al mercado ofertas desequilibrando las posibilidades de financiación, como se ha puesto de manifiesto en casi todos los territorios autónomos. Baste recodar que al recibirse la transferencia sanitaria en la Comunidad Valenciana la suma de los empleados, incluidos oficios de todo estilo, era alrededor de 20.000. En 2011, pasó de 60.000. La población no ha crecido a ese ritmo,los impuestos, tampoco, y además se han repartido con otros servicios vendidos y argumentados como públicos sin serlo.

Han influido diversos factores que van desde la excesiva oferta al incremento de la demanda porque a la población se le ha predicado que todo es "gratis".

Amparados en la poca rentabilidad del sistema público, cuestión que no se corresponde a la realidad, se ha recurrido a empresas cuyos puestos de trabajo desempeñan en parte los profesionales públicos después de hacer su jornada.

Ha de revisarse la incompatibilidad de los trabajadores públicos, sanitarios, universitarios, militares, etc.. Llegarse al convencimiento de que hay que "pagar por hacer y no por ser" y exigir, si cabe, mayor eficiencia en aquellos ámbitos que sea posible. No hay que tener miedo a pagar al profesional público lo que se pacte con él, pero que lo gane en lo público y no que a través de lo público lo gane en lo privado. No es asumible que ni un solo profesional con toda una organización a su servicio no rinda en lo público al 100% y sí lo haga en lo privado. Esto, claro está, se refiere a quienes compatibilicen trabajo en los dos sistemas. Deben analizarse las causas y buscar soluciones, está en juego la pervivencia del sistema sanitario púbico, entre otros.

Hay cuestiones para pensar y reformar, arbitrar sistemas de "copagos" con una cartera de servicios por capas, decidir si activos y pensionistas han de pagar parte de las recetas de farmacia en función de la renta, etc. No es posible que un trabajador mileurista con hijos aporte copago en la farmacia y que un pensionista con la pensión máxima lo haga en menor cuantía, en el sistema de MUFACE los beneficiarios pagan parte de las prescripciones de farmacia, tal vez esto sea motivo disuasorio para gasto injustificado.

Debe crearse una cámara de compensación efectiva entre las Comunidades para liquidar las prestaciones de servicios entre ellas, por atender en unas a pacientes de otras.

Las Comunidades se financian con los impuestos de sus residentes, atender a los de otras tiene un coste para la que presta el servicio y se le ha de compensar de forma efectiva.

Hace años se pusieron en funcionamiento mecanismos adecuados para concienciar a la población de que la mejor medicina también podía prestarse por el mundo empresarial privado con una disminución de costes importante. En la CAV se puso en marcha la prestación del servicio sanitario a través de concesiones administrativas y otras fórmulas. Lo que se hizo fue ofertar hospitales nuevos para cubrir necesidades de asistencia especializada en territorios en los que su población se desplazaba para recibirla. Deberían haberse reordenado los recursos humanos que venían atendiendo a esa población desplazada a otros hospitales, hubiera ayudado a mantener el nivel de gasto.

Consecuencia de lo anterior es una estructura sanitaria que ha puesto en jaque financiero a varias Comunidades. Da la impresión de que se actuó en términos de votos y no de eficiencia. Las concesiones administrativas han sido golosas políticamente por la rentabilidad de los votos, pero analizadas conforme a lo ocurrido no han sido más rentables que las propias instituciones públicas.

El gasto sanitario, allá donde se implantó esta forma de gestionar lo público, ayudó a crear déficits por la oferta que, trasladada a la población sin racionalizar los recursos, junto a la desmesura, generó crecimiento del gasto en función de resultados electorales.

¿Es más barata la prestación sanitaria dirigida por las concesiones que la de los centros públicos de gestión directa, Centros de Salud y Hospitales Públicos? No lo sería de haber adoptado medidas a favor de su sostenibilidad y continuidad mediante mecanismos de revisión dada su importancia para la sociedad.

Con independencia de que no hay números que fijen la certeza de la diferencia de coste, posiblemente la relación entre la administración y las empresas, en lo que se refiere a la interrelación de facturas que se cruzan por atender ambas a personas que no son de su adscripción, deba de regularse con mayor meticulosidad, así como los desvíos de pacientes o procesos hacia los centros de gestión directa.

El servicio sanitario público gestionado por empresas privadas puede llevar a que su calidad se resienta por la idea del beneficio. El volumen económico de la actividad sanitaria pública es la base de un negocio apetecible y las empresas no dudarán en utilizar las estrategias posibles para obtenerlo. También es importante decir que las empresas concesionarias del servicio sanitario público no deben presentar balances con mucho beneficio dada la situación que se ha ido conociendo en los medios de comunicación.

Los costes públicos y privados pueden igualarse para mantener la garantía del servicio en términos de equidad para toda la población. Debe abrirse un debate sincero para hacer sostenible el servicio sanitario, que ya debería haber tenido lugar hace años de forma permanente por la importancia que tiene uno de los valores que más articulan la sociedad, si no el que más.

El análisis del servicio sanitario público puede hacerse desde estos aspectos:

. Valores en que queremos sustentar la sociedad.
. Amplitud del servicio.
. Motor del servicio, liderazgo de la organización.
. Externalización de servicios y su necesidad.

La revolución esperada y necesaria en la sanidad pública es la del personal, a impulsar por las Direcciones Generales de las Consejerías.

Si la organización pública estuviera fundamentada en los **valores** de entrega, sentimiento de propiedad y pertenencia, sería innecesario recurrir a empresas externas para prestar servicios que la sanidad pública puede asumir ya que cuenta con suficientes profesionales para alcanzar este cometido

Debe despolitizarse la dirección de los centros donde se prestan servicios públicos. No es posible que las direcciones de las principales empresas de cualquier zona del territorio, y éstas son centros sanitarios, se ejerzan,en general, por quienes piensan a la voz impuesta por el gobierno de turno y su partido haciendo seguidismo y reverencias. Tampoco es posible retribuir el ejercicio de esta actividad con sueldos poco competitivos, no puede ser atractivo para quien asuma la gerencia de un hospital que su sueldo sea menor que el de un especialista que haga tres guardias.

No puede permitirse que el gerente de un hospital público de referencia (la Fe de Valencia) sea retribuido con menos de la mitad del sueldo que el de un hospital comarcal gestionado por una empresa concesionaria que se financia con dinero público.

La amplitud del servicio ha de estar regulada con una cartera de servicios idéntica para los diversos territorios del Estado, para todas las Comunidades. Ha de fijarse por comités de expertos sin influencia política, con la única premisa de la relación coste-eficiencia. Dejar la delimitación de los servicios en manos de políticos, sean profesionales sanitarios o no, ha llevado a la falta de planificación, consenso y desasosiego en la definición y desarrollo de lo público.

Ha habido una época en que todo era poco para ofrecer, se impuso la prisa de las promesas para obtener votos aunque no estuvieran respaldados por estudios concienzudos sino por la pugna política mal interpretada. Todas las ofertas de servicios no han estado avaladas por informes económicos sino por recomendaciones políticas apuntando siempre la necesidad de inauguraciones de edificios y servicios buscando votos.

En cuanto al **motor del sistema sanitario y su liderazgo**, cabe repensarlo, procede impulsar el sistema público que satisfaga a la sociedad un largo tiempo exento de sobresaltos. Debe analizarse la conveniencia del trabajo a turnos en los hospitales públicos al igual que en los privados, la rentabilidad de las instalaciones lo requiere.

Hay que repensar el concepto de incompatibilidad real de todos los servidores públicos con cualquiera otra actividad, aunque haya que revisar las retribuciones con que la sociedad les compensa por su trabajo.

El sentido común no puede entender cómo hay distintos planteamientos en función de que se actúe en lo público o en lo privado, esa dualidad no es justa ni defendible.

Hay un sentimiento en los profesionales sanitarios, no se consideran funcionarios. Es difícil entender el fundamento de este sentir que ha calado en la sociedad, pero la realidad es esa y, lejos de ser una cuestión banal, tiene relevancia para los planteamientos que puedan hacerse desde la organización.

Quien realiza un trabajo para la colectividad teniendo como patrón al Estado es conocido como servidor público o funcionario. Esta impronta hace que la persona que lo eligió para ejercer su profesión tenga unas delimitaciones en cuanto a las condiciones laborales.

La primera característica que debe tener este personal es la de saberse garantía del servicio público para la población sin connotaciones empresariales ni de beneficio económico. A través de ellos el Estado prestará el servicio con equidad a la población que tenga derecho a él, y serán los profesionales quienes lo hagan desde su código ético.

Además de lo anterior, la organización ha de procurar una vigilancia estricta de la utilización de los recursos humanos y materiales. Los humanos son los primeros en el análisis, hacen visible la organización y son su resultado.

Sin entrar a analizar el comportamiento del cien por cien de los recursos humanos, la realidad es que hay funcionarios profesionales que habiéndose formado en lo público y para lo público, y asumiendo una relación laboral, no son utilizados en ese porcentaje en su capacidad de trabajo, bien por decisión de la organización o porque lo han decidido así ellos y ésta ha transigido. También es cierto que los hay que rinden más de ese cien por cien que se suele pedir.

La administración, empresa de los ciudadanos que pagan impuestos, ha de cambiar reglas de juego para que la sociedad no siga pagando actuaciones incoherentes. En caso contrario hay que plantear soluciones con otros sujetos que la lideren. Ninguna empresa permite a sus empleados trabajar en la competencia. En la pública, sí.

La sanidad y alguna otra tarea púbica no debenen hacer concesiones a trabajadores del vértice de la pirámide cuando precisamente son éstos quienes han impulsar la actividad y la rentabilidad social.

Da la sensación de que lo público no es de nadie. Pero lo público es de todos por el hecho de pagar impuestos.

Todos quienes pagan impuestos son accionistas del Estado y tienen derecho a exigir el beneficio que les corresponde, en este caso, el beneficio social.

Quienes trabajan en la administración pública son, además de empresarios o accionistas, trabajadores que han de cumplir su compromiso laboral.

Si las obligaciones teóricas que tienen todas las personas dedicadas al servicio público se cumplieran, habría ahorro de gasto. Si el rendimiento laboral del sistema fuera el debido, no harían falta tantas empresas externas que multiplican el coste del servicio, ni la estructura que se ha ido consolidando en el territorio nacional a costa de demandas, presiones y ofertas que no podían, ni pueden, cubrirse con los presupuestos.

El sistema sanitario público requiere una revisión desde el concepto de la sostenibilidad y la mejora social, a no ser que las actuaciones políticas pretendan erosionarlo como premisa para entregarlo a la iniciativa privada. Esto es predicable de cualquier actividad pública

Sobre la externalización de servicios. El coste de la sanidad pública supone alrededor del cuarenta por ciento del presupuesto de gasto de las Comunidades, que son quienes ejercen las competencias sanitarias.

En España, la cifra aproximada que en 2009 se destinó al gasto sanitario público fue de sesenta y cuatro mil millones de euros, más de diez billones de pesetas.

En torno a un cuarenta y seis por ciento corresponde a gastos de personal, unos treinta mil millones, y sobre un treinta y siete por ciento, unos veinticuatro mil millones, a gastos de funcionamiento, limpieza, vigilancia, agua, gas, comida, farmacia hospitalaria, etc. Las cantidades hacen que su manejo sea un negocio deseado por el sector privado.

De acuerdo a la Carta Social Europea, el servicio sanitario ha de garantizarse al conjunto de la sociedad. Esta garantía es mayor si lo presta el Estado y sus instituciones. Evidentemente que hay que revisar algunas concepciones, eliminar ciertos tabúes como permanente oferta de servicios, bajo rendimiento del personal, etc., cambiar sistemas de trabajo, hacer de la organización pública una empresa de servicios rentables y de ilusión, pero lo que no puede consentir la sociedad es que la gestión de los servicios se haga por empresas cuyo objetivo es el beneficio económico.

Es frecuente escuchar que el servicio sanitario prestado bajo la dirección privada es menos caro. Para los defensores del sistema de la gestión privada no es cierto con carácter absoluto. En la Comunidad Valenciana, los datos económicos del gasto real medio de 2011 de la población asistida por las empresas concesionarias del servicio sanitario, el denominado modelo Alzira, fue de 1.010 euros por persona sin incluir medicina preventiva ni gastos de dirección de la Conselleria. El de la población adscrita al modelo MUFACE, fue de 1.037. El coste medio de la sanidad valenciana, incluida prevención y dirección alrededor de 1.250 euros.

El contrato que rige la regulación entre la Conselleria de Sanidad y las empresas concesionarias de la prestación del servicio público asistencial tiene dos partes en cuanto al pago del servicio, fija y variable. El importe de la parte fija para el ejercicio de 2013, según las declaraciones del Consejero de salud, fue de 660 euros por persona de las adscritas a médicos de Atención Primaria en cada Departamento. El de la variable no sería inferior a 370 euros por persona y año pues este fue el importe que la Conselleria pagó en 2011 por los conceptos de prótesis, oxigeno-terapia, oncología y transporte por cada una de las personas adscritas, términos excluidos de la cápita y que paga directamente la Conselleria.

La externalización de servicios cabe en aquellos que sean netamente empresariales, limpieza, lavandería, transporte, comida, vigilancia y poco más. La prestación sanitaria pública no cabe dejarla en manos privadas, siempre habrá quien haga negocio de la enfermedad olvidando el valor de la equidad. La externalización de servicios ha de limitarse a concertaciones puntuales, nunca ha de darse como solución global. Si en la Comunidad Valenciana toda la gestión sanitaria se realizara con gestión privada, las necesidades serían más grandes que el presupuesto asignado cada año, para 2013 el presupuesto necesario hubiera sido de 5.180 millones, considerando una población de 5.000.000 de personas según la media de gasto de 2011 y sin contemplar los gastos ocasionados por la dirección de la Conselleria y los de la actividad preventiva. El presupuesto aprobado de 2013 para la Agencia Valenciana de Salud no llegó a 4.800. Es la mejor manera de generar déficit.

Los argumentos a favor de la gestión han de ser probados con datos, y los que se dan tal vez no sean ciertos al cien por cien. Las experiencias de Valencia, Madrid y las que se intentan en Castilla la Mancha, han conducido al deterioro de la sanidad que hemos tenido como emblema del país y la han abocado a una situación complicada. Este asunto debe reordenarse, racionalizarse y proceder al rescate del servicio, o no renovar los contratos al vencimiento.

En el ANEXO se incluyen otros aspectos
relativos a esta materia.

Financiación. Líneas generales.

El grueso de los servicios públicos que recibe la sociedad a cambio de sus impuestos son prestados por las Comunidades, sujetos activos que los producen con cargo a presupuestos que dependen de sus ingresos.

Los territorios autónomos reciben casi la totalidad de sus ingresos del Estado, que reparte los obtenidos con el sistema tributario de acuerdo a la legislación estatal sobre la materia. Por tanto, y **éste es el primer handicap** en el tema que nos ocupa, hay un sujeto recaudador y diecisiete gastadores que al no tener la responsabilidad en la recogida de ingresos sólo ven la necesidad de gastar. Analizados los resultados, parece que ésta ha sido la postura de todos los territorios en los últimos veinticinco años. Entre ambos sujetos siempre hay uno bueno y otro malo, el bueno es el que gasta procurando no analizar el esfuerzo recaudador y echa la culpa de la falta de dinero al otro, el Estado.

Por esa dicotomía entre recaudador y gastador, estamos acostumbrados a la oferta de todo lo público a cero euros, eso implica demanda infinita, su consecuencia la deuda excesiva como viene siendo conocido hace lustros.

Cuando la oferta y la demanda política se desarrollan en la distancia corta, porque los ciudadanos están muy cercanos, es difícil no ceder al incremento de gasto ante las necesidades que manifiestan, serán los votantes en las próximas elecciones.

Los partidos con pretensión y posibilidad de gobernar tienen que introducir racionalidad en el sistema público, la obligación de no improvisar y el deber de procurar estabilidad a la sociedad. Estabilidad no sólo social sino hasta emocional en vez de desasosiego, uno de sus grandes enemigos.

La experiencia de los últimos lustros pone de manifiesto que la cohesión del territorio nacional depende básicamente de un sistema de financiación justo y equitativo. No se ha acertado a arbitrar uno que satisfaga a todos, al contrario, hay diferencias en la distribución de la riqueza que ha ocasionado insatisfacción generalizada, y enfrentamientos entre Estado y Comunidades que han dependido del color ideológico de sus respectivos gobiernos.

Resulta ridículo contemplar las diferencias de financiación tomando como base la ideología, pero es lo que se ha hecho poniendo de manifiesto la bandera de la desigualdad. En la Comunidad Valenciana los efectos de la aplicación de la Ley 21/2001, negativos para ella, se reclaman al Estado a partir del año 2004 al acceder al gobierno el partido entonces en la oposición, cuando fue el saliente el que aprobó la Ley.

Utilizar leyes de financiación para hacer diferencias entre territorios no fue justo, pero el partido político que susentaba al gobierno del Estado pudo pensar que primando a unas Comunidades conseguiría ganar las elecciones en las mejor tratadas, el marketing político siempre ha funcionado. No hay otras explicaciones a las diferencias, con independencia de que algunas han de haber aunque sean mínimas sobre todo por los conceptos de dispersión de la población en algunos territorios y por la longevidad en otros. El sentido común no ha sido el más utilizado a la hora de elaborar las leyes que determinan la financiación, y obliga a pensar que la teoría política es una y su aplicación otra.

Comunidades corresponsables en la toma de decisiones de ámbito nacional no hubieran permitido diferencias, aunque algunas de ellas no fueron beligerantes y reivindicativas y cedieron protagonismo a la decisión de los líderes nacionales y autonómicos que, subidos al caballo de la sabiduría, hicieron lo que les pareció oportuno aunque sus mensajes lo disimularan. Para agravar más las diferencias, a los territorios autónomos se les dejó libres para configurar el gasto, esto provocó parte de la ruina de todos.

Uno de los fallos en el diseño del sistema de gobierno ideado en la Constitución fue no pensar que al mando de las instituciones llegarían personas ávidas de poder, que pusieron en marcha promesas políticas sin límite, ofreciendo todo lo que pudiera añadir belleza y boato en cada territorio con tal de conseguir y conservar el poder.

La venta de promesas a cambio de votos ayudó a iniciar el deterioro económico. Desde la política se utilizó el marketing, la publicidad y la propaganda como medios de pervivencia en el gobierno, se inventaron servicios públicos innecesarios en los que se gastó parte sustancial de los ingresos, acumulando déficit y deuda.

Los diversos tipos de gobierno potenciaron equipos de comunicación. Todos, locales, autonómicos y el propio Estado, necesitaban oficinas de propaganda. Se relajaron las líneas rojas de las leyes de funcionamiento económico, se ofertaron servicios sin respaldo presupuestario suficiente engañando a la sociedad que veía a quien se los ofertaba como gestor ideal. Los políticos de los territorios autonómicos hicieron sentir a sus ciudadanos que estaban discriminados en su financiación respecto a otros territorios, inclusive aquellos más mimados. Amparados en argumenos partidistas se permitió y potenció la idea de la desigualdad entre CCAA. Esta semilla cayó en campo bien abonado y dió muchos votos.

Las arcas públicas, aptas para soportar desarrollo estable de la sociedad, se forzaron en beneficio de titulares de prensa y de actividades que no eran servicio público. Los ingresos daban para servicios esenciales, educación, sanidad, seguridad y servicios sociales, pero los políticos decían ser capaces de hacer más con menos, aunque eso sólo fue real en las palabras de los discursos, mientras se jaleaba a quienes mentían en los mítines de cualquier parte del territorio español como al cabo de los años se puso de manifiesto.

Al cumplir los primeros años las Comunidades, con una sociedad relajada y entregada por los éxitos logrados, la situación económica empezó a complicarse, debido siempre a un enemigo, el Estado que no daba suficiente dinero.

El gasto institucional se multiplicó. Los puestos de trabajo públicos crecieron de forma exponencial, a veces simplemente para ocupar a gente amiga. El coste del personal trabajador publico, con la referencia del Instituto Nacional de Estadística, fue en 2001 de 68.728 millones, en 2008 de 117.641. En siete años se incrementó el 71%. La pregunta es si el servicio creció lo mismo en cantidad y calidad.

La prestación de servicios innecesarios fue símbolo de las Comunidades. El empresariado estaba feliz a pesar de que veía retrasarse el pago de obligaciones corrientes.

Las Comunidades tienen la responsabilidad de la gestión de los servicios sociales que afectan a los ciudadanos. Su actuar ha ser transparente y adecuado a los recursos. Hacer en una época más de lo que se puede es hipotecar el futuro, y ahí estamos debiendo como Estado casi el PIB de un año, 967 mil millones de euros en abril de 2014.

Para que esta situación no vuelva a dañar a la sociedad, el Estado debe coordinar y vigilar la realización del gasto social en todo el territorio. La Inspección debe ser actividad diaria para que nadie se salga del guión que marcan las leyes.

Era previsible que gastando por encima de los ingresos la situación económica empeorase, aunque se pretendió paliar el problema fiando la solución al futuro. La postura adoptada por los responsables de guiar la sociedad fue la del avestruz, no quisieron ver el peligro a medio y largo plazo. Prefirieron el triunfo inmediato, ese que delimita el egoísmo y la soberbia.

No es cuestión de mirar atrás sólo con el ánimo de criticar, es la reflexión para evitar en el futuro actuaciones similares la que debe mover a la sociedad a regular todos los aspectos de su convivencia, y no sufrir sobresaltos de consecuencias tan graves como las que han originado actuaciones insensatas de quienes prometían maná a cambio de votos, haciendo creer en falsos milagros. Baste decir que la Generalidad Valenciana tiene una hipoteca superior a la cuarta parte de su producto interior bruto, más de veintinueve mil millones de euros, sin contar Ayuntamientos ni otras instituciones públicas, como consecuencia de la falta de control en el ejercicio de la política. Quienes con su decisión permitieron la situación deberían responder por haber hipotecado a generaciones que sufrirán las consecuencias de la arbitrariedad en su gestión.

Para tener idea de la cantidad que debemos los españoles, se inserta un cuadro en donde se aprecia el nivel de deuda y la repercusión en cada ciudadano a fecha 14 de abril de 2014, con una población de 47.000.000 de ciudadanos y diversos tipos de interés. El dato de deuda es del Banco de España.

Deuda del Estado.

Importe de la deuda en abril de 2014	Tipo de interés	Importe anual de intereses	Interés anual por ciudadano	Deuda nominal por ciudadano
987.945.000.000,00	6,00	5.927.670.000,00	126,12	21.020,11
987.945.000.000,00	5,00	4.939.725.000,00	105,10	21.020,11
987.945.000.000,00	4,00	3.951.780.000,00	84,08	21.020,11
987.945.000.000,00	3,00	2.963.835.000,00	63,06	21.020,11
987.945.000.000,00	2,00	1.975.890.000,00	42,04	21.020,11

Ni el Estado, ni las Comunidades pueden poner en marcha acciones políticas y administrativas sin respaldo económico. Esto supone una losa difícil de levantar para la sociedad que si aplaude estas decisiones es por desconocimiento provocado con mensajes de engaño.

La cercanía al ciudadano y el ánimo faraónico de líderes políticos hicieron posible que España estuviera más hermosa, más visible, aunque lo que impidieron fue ver la deuda en los cajones pretendiendo restarle importancia. Ante esta forma de actuar, lo que procede es tener leyes de control que impidan a los responsables de ciertas acciones ejecutarlas y exigirles la responsabilidad a que haya lugar.

Para evitar en el futuro que todo siga igual, echando las obligaciones de pago a cargo de años venideros, es decir, sobre los hombros de nuestros hijos y nietos, hay que regular una Intervención fuerte, sin ninguna connotación política, que sea garante del funcionamiento económico financiero del Estado en su conjunto. La Intervención es quien debe vigilar que las instituciones públicas cumplan estrictamente las leyes.

Los últimos años han puesto de manifiesto las carencias en la solidez del armazón social, entendiendo éste como la suma de democracia y solidaridad. Se ha obviado el sistema democrático en multitud de ocasiones en todos los territorios y en el Estado mismo, al no respetar íntegramente las leyes y caminar por la senda de "salvese quien pueda que yo voy a hacer lo que me parezca, porque mi territorio está falto de inversiones, de edificios, etc, y me corresponden". Hay que analizar si la solidaridad ha funcionado como era de esperar y ha extendido sus posibilidades a todos los territorios por igual. La respuesta es no, aunque los territorios no tienen la culpa ya que las leyes las aprueban las personas que, trabajando en nombre de éstos, no siempre actúan con intereses claros para sus ciudadanos. Desde el altar del poder creen legítimo actuar con visiones de interés partidista, aunque luego vendan sus actuaciones como las mejores de las posibles.

La financiación se ha utilizado como un camelo en unos territorios y en otros como un caramelo para obtener el poder. Ambas actuaciones han generado grandes diferencias que han hipotecado a las autonomías.

Marco general.

El Tratado de la Unión Europea en el ámbito económico presupuestario, pone la base para un crecimiento sostenible en la estabilidad de precios y unas finanzas públicas saneadas.

Estas medidas económicas son complementadas por otras coadyuvantes a esa pretendida sostenibilidad, de tal manera que en El Pacto de Estabilidad y Crecimiento celebrado en la ciudad de Ámsterdam en junio de 1997 se aprueba limitar la utilización del déficit público como instrumento de política económica, se fija como necesario el equilibrio presupuestario o el superávit y se obliga a presentar con carácter anual programas de Estabilidad o Convergencia con medidas para conseguirlo.

En junio de 2000, en el Consejo de Europa celebrado en Santa María de Feira, Portugal, se insta a los Estados a generar márgenes de maniobra con el fin de protegerse de situaciones imprevistas, estabilizaciones cíclicas, reducción de deuda y asumir el desafío del envejecimiento de la población.

Estas connotaciones cobran especial significado en un país descentralizado como España donde el gasto social se ejecuta por excesivo número de agentes, Comunidades, Diputaciones, Ayuntamientos... El esfuerzo de estabilidad ha de asumirse por todos, por lo cual es necesario un órgano coordinador fuerte.

Si no se logra el esfuerzo de los agentes del gasto se estará consolidando un desequilibrio económico presupuestario con repercusiones negativas en los mercados financieros, aumento de tipos, inflación y desempleo.

La UE fija las líneas maestras que han de guiar la economía dentro de unos parámetros razonables para evitar sobresaltos, articula mecanismos de supervisión y cooperación fundados en principios de estabilidad presupuestaria, plurianualidad, transparencia y eficacia en la asignación y la utilización de los recursos.

En España ha ocurrido todo lo contrario a lo esperado, no porque los principios fijados sean inconsistentes, sino porque políticos, financieros y supervisores no los aplicaron.

La armonía pretendida, con independencia de que la UE no es un ente homogéneo sino unitario en la desigualdad con una pretendida unión monetaria pero sin unión política, fiscal ni financiera, ha sido un fracaso en toda regla que subida en una burbuja consentida avocó a España a una situación difícil de digerir basada en los desvalores de codicia y avaricia.

La economía debe estar sometida a principios éticos que han brillado por su ausencia. Vista la realidad, y para evitar el fracaso social, es necesario añadir a los principios económicos otros que dirijan hacia una justa redistribución de la riqueza. De lo contrario, las crisis económicas futuras desembocarán en un descontento social radical.

Los responsables sociales han de tener como objetivo de sus actuaciones la armonización que permita a todos vivir con dignidad.

De cualquier forma en que se enfoque el problema, una cosa es la teoría y otra la realidad en que está sumida Europa, o gran parte de ella, gracias la insolidaridad y a la primacía de la economía especulativa y financiera sobre la real.

La situación, que es de emergencia, necesita empuje de la inversión pública y planificación económica que ponga como norte eliminar el sufrimiento de las personas, aparte de que los políticos dejen de mirarse al ombligo y sirvan de una vez al interés general.

Dada la diversidad de sujetos que intervienen en el ciclo económico y tratando de respetar su individualidad frente al conjunto, se les proporciona cierto margen de actuación para que no se sientan encorsetados y tengan capacidad de decidir, aunque de escaso margen.

Por eso se permite un pequeño resquicio legislativo a las CCAA y se fijan medidas correctoras y un sistema homogéneo de medición y de remisión de información. El Gobierno del Estado responde del cumplimiento del principio de estabilidad en lo público. Las situaciones de déficit requieren formular un plan financiero de saneamiento a medio plazo de acuerdo a la Ley 5/2001.

Corresponde al Gobierno fijar el objetivo de estabilidad, a propuesta del Ministerio de Hacienda, con informe del Consejo de Política Fiscal y Financiera. El objetivo han de aprobarlo las Cortes, siendo la responsabilidad de quien incumpla.

En cuanto a las posibles imprevisiones, existe un Plan de Contingencias de Ejecución Presupuestaria del 2% del límite presupuestario para gastos no discrecionales.

La legislación que concreta la financiación de las CCAA es:
. Ley Orgánica de Financiación de las Comunidades Autónomas.
. Ley de Estabilidad presupuestaria.
. Ley 21/2001 de 27 de diciembre de 2001, que regula las medidas fiscales y administrativas del sistema de financiación de las CCAA de régimen común y Ciudades con Estatuto de Autonomía, que recoge estas notas:

. El establecimiento del régimen general de la cesión de tributos del Estado a las CCAA.
. La participación de las CCAA en la AET, Agencia Estatal Tributaria.
. Asignaciones para la nivelación de servicios esenciales.

Asimismo, se adaptan al nuevo sistema de financiación:

. La normativa de los tributos cedidos.
. La Ley General de Sanidad, y
. El Texto Refundido de la Ley General de la Seguridad Social.

A efecto de determinación de necesidades de financiación, la Ley fija el año 1999 como el base del Sistema para realizar los cálculos oportunos y determinar la denominada suficiencia estática

Como debe fijarse una masa homogénea de financiación, la Ley la determina mediante bloques competenciales en valores del año 1999.

Comentarios en torno al principio de estabilidad.

Con independencia de que las leyes, formalizadas sobre la cuestión presupuestaria y financiera de las Administraciones, diseñen preámbulos justificativos de legalidad según el Pacto de Estabilidad y Crecimiento, lo evidente es que la base legal de esta materia está condicionado por el desequilibrio derivado de la ejecución de cada uno de los presupuestos de las distintas Administraciones Públicas.

El origen de la situación se produce, entre otras, por las siguientes cuestiones:
. Incremento de la oferta de servicios públicos para demandar votos.
. Incremento de la demanda de servicios por la población consciente de que puede arrancar promesas de los políticos ante sus peticiones.
. Menor aportación de impuestos derivadas de las políticas fiscales de los distintos gobiernos que quieren a toda costa implantar su estilo, su forma de mirar, olvidando logros sociales alcanzados en el ámbito fiscal.

. La universalización "gratuita" de los servicios.
. El cambio operado en la pirámide de población.
. Querer realizar todo lo que se es capaz de pensar a corto plazo quemando etapas y endeudándose.
. La cercanía del prestador del Servicio Público, CCAA frente al Estado.
. El hecho de que quien presta el servicio no es recaudador de los ingresos que lo hacen posible.
. La cantidad y calidad de los servicios prestados en cada Comunidad.
. El abanico de los servicios públicos y los que se han considerado públicos sin serlo.

Dada la situación y las constantes peticiones de las CCAA al Estado para que corrija desequilibrios, nacidos siempre de una mala financiación, el Estado tiene que poner coto a las continuas situaciones de gasto por encima de las posibilidades y así, ateniéndose al Pacto de Estabilidad y Crecimiento, ha puesto de manifiesto la exigencia de ordenar los presupuestos públicos, pero ha de hacerse en beneficio de los ciudadanos.

El principio de estabilidad presupuestaria pone en primer lugar la exigencia de hacer presupuestos equilibrados en su aprobación y liquidación, e impone actuaciones en caso de incumplimiento en orden a la responsabilidad de las CCAA.

Hasta que no se vea la realidad como consecuencia de la entrada en vigor del conjunto de normas presupuestarias, es difícil imaginar cuáles van a ser las acciones a realizar si se incumple el objetivo de estabilidad.

No obstante la puesta en escena del principio, hay que remarcar algunas incongruencias del entorno presupuestario.

No es lógico que un sistema de financiación que tiene por base la prima per cápita, aunque corregida por una serie de factores que apuntan a la objetividad, para el periodo 2002-2006 parta de una población referenciada a 1 de noviembre de 1999. De esta manera a la Comunidad Valenciana se le dejan de financiar desde el día 1 de enero de 2002 más de 145.000 personas.

Si el censo oficial del INE es mensual, los datos deberían de haberse corregido mes a mes pero no fue ni es así.

Pero hay más, la población residente y no censada en este periodo cada día fue mayor en la costa. Esta población es reacia a censarse donde recibe los servicios públicos. No interesa regularizar situaciones porque lo cómodo es recibir sin contraprestación, que me den el servicio donde esté, corresponda o no por territorio.

A esta situación no se le pone remedio. Políticamente no interesa. La política puede haberse convertido en otra cosa distinta a lo que debe ser, actividad de quienes gobiernan o aspiran a gobernar los asuntos públicos. A esta definición tan escueta deberían de añadirse algunos epítetos derivados de la Constitución, igualdad redistributiva, reequilibrio territorial, libertad de movimientos, derecho al servicio público, etc. Lógicamente no hay igualdad si se parte de una base injusta.

¿Cómo es posible que en siglo XXI, con la información de que se dispone, pueda financiarse en régimen de igualdad a un territorio por menos personas de las que viven en él?

La solución a esta diferencia de financiación ni se plantea en la Ley 21/2001 que refleja el nuevo sistema de distribución de ingresos. Se idean unos fondos correctores que darán para poco y así se cubre el expediente.

La solución al reparto de ingresos aún está pendiente. Mientras que se sigan quemando etapas al compás de cíclos políticos la solución no se dará. El político debe reflexionar sobre qué tiene para conseguir lo que pretende, comportarse como un buen padre de familia y no gastar más de lo que permiten los ingresos.

La única realidad es que no se exige responsabilidad a los gestores temporales de la sociedad. Los límites legales son eso, límites que se pone la sociedad, pero su interpretación se fuerza para adecuarla a determinados intereses. A todo el mundo le gustaría poder hacer en un año más cosas de las que hace, o tener más vacaciones, o deslumbrar a sus amigos comprando una casa de campo de impresión. Lo más lógico es ahorrar para dar la entrada y luego pagar plazos razonables. Es decir, poco a poco y con el ritmo adecuado. Los cien metros lisos no se pueden correr permanentemente, no hay quien lo resista, aunque los políticos creen que sí, por eso pretenden poner en funcionamiento todo aquello que imaginan en un plazo récord y, claro, los impuestos no dan para eso, dan pero en su ritmo.

Financiación a partir del 1 de enero de 2009.

El sistema se asienta en:

. Mejorar la financiación de los servicios que el Estado presta a los ciudadanos.

. Garantizar que todos los ciudadanos, residan en el punto geográfico que residan, tengan la misma financiación para los servicios públicos fundamentales.

. Dotar de mayor autonomía financiera y fiscal a las CCAA para que dependan más de ellas y menos de las transferencias del Estado.

. Reducir las diferencias existentes en la financiación por habitante entre las distintas CCAA.

Los ejes sobre los que gira:

. **Incremento de equidad** y suficiencia de la financiación del conjunto de competencias transferidas. Garantía de igual financiación de servicios fundamentales y de suficiencia para el resto de competencias.

. **Refuerzo de las prestaciones del Estado de Bienestar** en sanidad, educación y servicios sociales. Se pretende dotar incremento adicional de recursos del sistema de financiación.

. **Aumento de la autonomía financiera,** mayor capacidad normativa y corresponsabilidad fiscal de las Comunidades, con mayor cesión de la recaudación de impuestos.

. **Mejora de la dinámica y estabilidad del sistema** y su capacidad de ajuste anual a las necesidades de la sociedad. Se preven nuevos mecanismos de ajuste, cada cinco años se hará una revisión de los elementos estructurales del sistema.

Los principios de la norma y los ejes sobre los que gira son buenos en teoría aunque su andadura ha venido a demostrar que la realidad dista bastante de la bondad diseñada. La norma es un laberinto que va añadiendo **fondos** para corregir las diferencias entre CCAA, pero lo fundamental de la insuficiencia económica es que **la norma se elabora tomando como base la economía de los años de bonanza para aplicarlos a la etapa de crisis.** Esto podemos asimilarlo a lo siguiente:

Sistema hasta 31.12.2008	Sistema a partir de 1.01.2009
El 70% de los recursos e las CCAA proviene e impuestos cedidos total o parcialmente del Estado	El porcentaje pasaría a ser del 90%
Transferencias del Estado	Transferencias del Estado.

Se visualiza cómo se cubren las necesidades de gastos con la financiación a partir de la Ley 22/2009.

Garantía para todos los ciudadanos.	
La necesidades de gasto	Ingresos Tributarios Autonómicos.
se atienden con la suma	Fondo de garantía de los Servicios Públicos Fundamentalmente: Sanidad, Educación, Servicios sociales.
de la financiación actual	
más	Fondo de suficiencia global
recursos adicionales.	Fondos de convergencia Autonómica: cooperación y competitividad.

El modelo apunta al Estado Federal. Las Comunidades aumentan su participación en los impuestos que recaudan y pasan a tener mayor posibilidad de legislar tributariamente.

Esto que da más posibilidades a las CCAA, no es asumido, es más fácil llamar al papá Estado, además, la cultura impuesta en el conjunto de España es la de gastar, no la de recaudar, ni por supuesto la de ser solidario en lo que a impuestos se refiere, eso es para los demás. Lo fácil para las CCAA es gastar, lo difícil, obtener recursos, lo dejan para el Estado.

Hay que cambiar la cultura de los políticos. Gobernar no es sólo gastar para poder ofrecer logros. Si no hay ingresos no es posible dar servicio a no ser que se haga realidad la frase atribuida a Ignacio de Loyola, ya refleja en páginas anteriores, "Hay que hacer todo lo que se debe, aunque se deba todo lo que se haga". Gastar así provoca bancarrota.

Las Leyes de contenido presupuestario/económico han de cumplirse sin interpretaciones interesadas. No se tienen que relajar los controles, ni aumentar endeudamientos, ni aprobar presupuestos que no cubran los gastos necesarios.

En los asuntos de financiación han de implicarse todos los actores sociales y los ciudadanos a título individual, y tener en cuenta que los medios económicos siempre serán escasos para cumplir deseos, por ello es esencial la priorización de los gastos.

Para todo lo anterior, y dado que la mentalidad de la sociedad no cambia de la noche a la mañana, hay que prever una cláusula de cierre del sistema a través de una Inspección de Servicios fuerte que borre la imagen de que somos un país de pillos.

¿Tenemos responsabilidad los ciudadanos en la gestión de los servicios?

Somos accionistas de la organización pública, como tales hemos de cumplir algunas reglas básicas, cuidar lo que es nuestro, lo que tenemos, instrumentos, edificios, personal, aunque viendo ciertas dependencias públicas, parece que no nos interesen mucho, que sean ajenas, que no tenemos nada que ver con ellas. Da pena subir en un ascensor casi recien estrenado, torre G, del hospital la Fe de Valencia, y ver qué somos capaces de hacer garabateando símbolos y leyendas. El mismo sentimiento que al ir por las calles de ciertos barrios mirando al suelo para evitar los escrementos de los perros que con toda impunidad ensucian los lugares comunes en nombre de sus amos. Aunque sea reiterativo, parece que lo público no es de nadie. Además, si los politicos nos dicen que tenemos la mejor ciudad del mundo...

Al ser accionistas de la empresa común, porque pagamos impuestos que la hacen posible, deberíamos vigilar para evitar las actuaciones negativas que van en detrimento del conjunto de la sociedad, tanto desde la visión del ciudadano que utiliza los servicios, como del personal que los presta y que tiene la doble condición de accionista y trabajador.

Desde el punto de vista social, ha de exigirse la mejora constante del personal que produce los servicios en calidad técnica y humana.

Acudir como usuario a recibir servicios públicos ha de resultar grato y no causar sensación desagradable en ninguna circunstancia.

Por otra parte, la utilización de ciertos servicios puede realizarse con abuso de su uso. Podemos caer en la excesiva frecuentación que contribuye a su deterioro. Para corregir determinadas anomalías hay que demandar mayor dosis de cultura social a los poderes y a los ciudadanos, sobre todo exigiendo el cumplimiento de la solidaridad contributiva.

ANEXO

SANIDAD

Sistema Nacional de Salud, SNS.

El SNS ha tenido diversas etapas en su financiación. Desde 01.01.1989 hay una administración que recauda y varias que gastan, hasta diecisiete una vez recibidas las transferencias sanitarias por las Comunidades. Desde entonces el asunto de la recaudación ha variado poco, el recaudador sigue siendo el Estado.

Esto potenció, y lo sigue haciendo, ver a la administración recaudadora como mala frente a las gastadoras, consideradas buenas. Unas dan al ciudadano lo que desean, generan gasto más allá del presupuesto, la otra es considerada mala, no pone a disposición de las Comunidades todo el dinero que necesitan para cubrir sus gastos, sin pararse a analizar si gastan más de lo que pueden.

La ausencia de corresponsabilidad implica crecimiento incontrolado del gasto. El gasto sufre una aceleración difícil de financiar. La deuda sanitaria es una asignatura pendiente de todos los gobiernos incapaces de frenar el gasto o de dotarlo de presupuesto porque no hay ingresos suficientes, su espiral puede suponer la quiebra del sistema, sería la peor solución de las posibles para la sociedad que mira el Estado social como conquista esencial de la solidaridad.

Es hora de analizar la dimensión del Estado de Bienestar, no hacerlo puede ocasionar graves problemas financieros a medio plazo. Lo que no procede es disminuirlo porque en ésta época toque pensar al estilo neoliberal mientras cada día las estructuras del Estado son más grandes.

A partir del 1 de enero de 2002 la financiación plantea nuevos retos. ¿Podrá haber equidad territorial y suficiencia financiera?

Se trata de cubrir las necesidades del Estado de Bienestar en su rama sanitaria que exige la realización de la equidad, la homogeneización de prestaciones y la cobertura suficiente de dinero. Para atender lo anterior hay que dejar de presupuestar prebendas como sobresueldos a determinados grupos de funcionarios, becas para evitar trabajar con funcionarios de carrera, subvenciones poco justificables, contratar personal al margen de los procesos reglados de acuerdo a los principios constitucionales, contratos de obra o servicio prescindibles, eliminar instituciones vacías de contenido,etc.

Esta cobertura presupuestaria implica un crecimiento del presupuesto sanitario sobre el del PIB, a cubrir por el Estado que es quien ha de velar porque todos los ciudadanos sean efectivamente iguales ante la ley.

La multiplicación de sujetos prestadores supone una carga financiera, sobre todo para los que se esfuercen en prestarlo mejor, por ello es imprescindible la articulación de un sistema de compensación ágil y justo entre las Comunidades.

Las prestaciones tienen que ser comunes para todo el territorio nacional, no deben catalogarse como básicas y a partir de ahí que cada territorio haga lo que estime con su población protegida, haría injusto el sistema por cuanto que los que tuvieran menor nivel utilizarían las prestaciones de quienes lo han elevado, con el perjuicio económico para éstos que deben asistir a quien acuda a recibir asistencia sea o no ciudadano de ese territorio.

En este orden de cosas, la UE ha de empezar a regular en términos de igualdad para sus ciudadanos. La implantación de un Sistema Europeo de Salud presenta interrogantes como los formulados, aunque parece que los gobernantes no quieren enterarse de que la prestación sanitaria a personas de otros países tiene coste para quien lo realiza.

Para hablar de Sistema Nacional de Salud, SNS, han de ejercerse medidas de gestión y de coordinación horizontales, potenciadas y dirigidas por el Estado y consensuadas por los sujetos responsables de su prestación, y poner en la mesa de discusión los principios constitucionales y aquellos postulados que amparen la madurez, la responsabilidad, la capacidad de gestión y la mesura de los responsables de la competencia sanitaria.

Ha de ser así pues se perfila un sistema de multigestión sanitaria cuyo objetivo ha de ser velar por la igualdad de todos los ciudadanos del Estado.

Contradicciones del SNS.

El Estado de Bienestar ha progresado aumentando sus contenidos y compatibilizándolos con las ideas que hacen posible su gestión, mientras que con su financiación no ha pasado lo mismo. En este sentido, el ciclo de su historia se asemeja al movimiento del péndulo, hay ideas que aparecen cíclicamente planeando alternativas a la forma de gestionar el servicio en la sociedad. Este hecho habla de la viveza e importancia del servicio público sanitario, pero refleja un aspecto negativo, el de su reforma permanene.

Estamos acostumbrados a planteamientos que esconden la incapacidad para diseñar con coherencia el mantenimiento de un edificio que no necesita de constantes reformas, según sean las personas e ideas responsables de su gobierno en un momento determinado. La reforma de la reforma trasluce afán de protagonismo e impide afianzar la organización.

Con ideas viejas, sacadas del armario en el que se las dejó hace años, se pretende vender como nuevo y excelente algo olvidado y superado mientras que pocos ponen sobre la mesa argumentos de verdadero calado para la mejora porque ello no trae ventaja.

Algunos planteamientos sólo tienen de novedad una ligera capa de barniz, lo demuestra la poca permanencia de las ideas que un sector importante quiere vender sin profundizar en medidas efectivas que le pueden perjudicar. Los temas son los de siempre:

. Responsabilidad en el trabajo.
. Sentido de pertenencia a la organización.
. Sentido de propiedad sobre la organización a que se
  pertenece y de la que se vive.
. Trabajo bien hecho en un horario definido y completo.
. Control de costes en todos los procesos.
. Eliminación de la envoltura de la "politización" en la
  prestación de los servicios públicos.
. Incompatibilidad de trabajo público y privado.
. Implantación de medidas de inspección fuertes porque la
  sociedad que paga lo requiere.
. Información clara, sencilla y veraz, a la propia
  organización y al exterior.
. Culturización de la sociedad en los principios de gasto sin
  despilfarro. Racionalidad para evitar el racionamiento.

A partir de 2002 la sanidad se financia con un sistema regresivo de impuestos. El Estado del Bienestar se sustenta en los impuestos y éstos siguen el camino opuesto al gasto. Así va a ser difícil conseguir el equilibrio para hacer real una política presupuestaria coherente.

En este orden de cosas se constata que existen marcadas diferencias entre los distintos sujetos prestadores de servicios sanitarios, éstos pueden llegar en condiciones de desigualdad a sus destinatarios.

Analizada la cápita resultante del reparto de ingresos para soportar los gastos, se constata que en unas Comunidades es más alta que en otras. Lo contrario de la igualdad predicada.

El sistema tiene retos del estilo siguiente:

. Necesidad de coordinación por parte del Estado.
. Control y corrección de males endémicos en la gestión de los recursos humanos.
. Absentismo. Rentabilidad. Eliminación de listas de espera. Implicación en la organización.
. Eliminación de compatibilidad.
. Mejora de la calidad.
. Interfacturación real entre Comunidades.

Visiones de la sanidad.

El paciente, como elector y como contribuyente, pide:
. Racionalidad y prudencia a sus conciudadanos, la de él la olvida.
. Comportamiento ético a los profesionales.
. Suficiencia de recursos, él aporta, pero cuanto menos mejor.

. Cobertura extensa, gratuidad y acceso ilimitado.
. Solidaridad del contribuyente.
. Información comprensible.
. Confort y tecnología, etc.

La sociedad pide:

. Deseos de recibir todo por todos a cero euros.
. Potenciación del negocio para las empresas, envases, tecnología imposible de amortizar, marketing...

. Incremento de la longevidad. Conversión de parte de la sanidad en elementos de consumo.

¿Alguien se pregunta cuál es el coste y cuánto está dispuesto a dar?

Ideas contradictorias en la suficiencia financiera.

El principio de suficiencia financiera ha ido unido al de la cobertura del gasto dinámico. Esto es lo lógico, la cobertura del gasto social realizado por el Estado se hizo en su totalidad, su crecimiento se cubrió de año en año.

En los Acuerdos de Financiación se fijan términos como dinamicidad del gasto, suficiencia dinámica..., la realidad ha demostrado que hay muchas buenas intenciones en los textos y que el papel es muy sufrido. El gasto por la evolución de la sociedad no se acompaña de medidas de dotación económica suficiente, claro que para ello hay que clarifiar qué es servicio público y qué no.

La pretensión de dar más servicios, de más calidad y a menor coste es una utopía, de ello son responsables partidos, sindicatos, asociaciones que creen que el dinero existe porque lo que cada uno pide ha de proveerse, tal irresponsabilidad pone de manifiesto la falta de preparación de los líderes. El presupuesto no es una ficción, ha tocado techo a no ser que se activen medidas fiscales que compensen y hagan posible el gasto.

Todo esto obedece a factores como:

. Disminución de los ingresos por el relajamiento de las medidas fiscales. Economía sumergida.
. Carrera política de marketing, publicidad y propaganda.
. Disminución de la inspección fiscal y de servicios.
. Escasez de la cuantía de los Fondos de Cohesión.
. Miedo a la implantación de fórmulas de control sobre la demanda.
. El gasto depende de las CCAA, la recaudación no, con lo cual la postura siempre es de gastar.
. Falta la cultura de la sostenibilidad solidaria, ande yo caliente...

¿El gasto sanitario pone en peligro el equilibrio financiero del Estado y las CCAA? ¿Qué ocurrirá a futuro? ¿Se olvidará la solidaridad? ¿Se mantiene una aparente estabilidad en el gasto universal con déficits encubiertos? ¿Se elimina la concepción solidaria del gasto social y se camina hacia un Neo-Liberalismo puro y duro? Estamos en regresión social.

El sanitario es un factor muy importante en la cohesión social, su deterioro implica el de la sociedad.

Ha de ampliarse el campo de reflexión. Debemos hacerlo, en ello va el futuro del Estado del Bienestar.

Baste añadir que las ideologías nada tienen que ver con el gasto social.

Analizada la postura de los dos grandes sectores de pensamiento, uno no es partidario de la universalidad y la gratuidad de los servicios, pero la realidad es la contraria por la necesidad de los votos, el otro sí lo es pero no introduce medidas correctoras del gasto acordes a los ingresos.

Estamos desorientados en un cruce de caminos. Seguimos aferrados a la virtualidad de ver los deseos como realidad, que el gasto que demandamos sea cubierto por arte de magia, aunque ésta no existe en los ingresos públicos. Últimamente la sociedad está llena de magos.

Para corregir el mundo virtual, los políticos han de hacer un alto en el camino y planificar el futuro porque, como decía Mark Twain "en él va a estar siempre la sociedad". Hay medidas técnicas que han de desarrollarse para paliar algunas situaciones.

El SNS es único en cuanto a prestaciones a los ciudadanos pero éstas se realizan por varios sujetos. Cada sujeto activo de la prestación tiene derecho a que se le paguen sus servicios según los precios acordados, lo contrario es inviable.

Ha de procurarse que el coste no exceda del ingreso y vigilar para cobrar los productos que se ofrecen al mercado, aunque para ello es necesario invertir en concienciación de los profesionales, en cultura de la sociedad y en la reducción de la avaricia de las grandes empresas de las que podría plantearse en algún caso su nacionalización por interés general pues no puede ser que unos pocos infrinjan sufrimiento a muchos.

Formas de gestionar.

La Ley General de Sanidad fija como forma de gestionar los servicios sanitarios públicos la **directa**, realizada por las instituciones públicas con empleados públicos y de acuerdo a los procedimientos públicos. Transcurridos varios años desde la aprobación de la LGS se pone de manifiesto la necesidad de introducir en su gestión otras formas distintas, se aprueba el Real Decreto Ley 10/96, de 17 de junio, ¿para garantizar el principio de eficacia? exigido por la Constitución y la propia LGS, dotándola de modernidad o preveyendo negocio.

El planteamiento es mediocre, la Constitución ya define los principios de actuación en el servicio público. Pasados unos años se manifiesta la necesidad de argumentarlos para hacer posible nuevas formas de gestión, por la desconfianza inducida en lo público y por procurar negocio.

Sería deseable agotar las posibilidades de actuación en la gestión pública. ¿Porqué nadie se rasga las vestiduras si en la empresa privada se habla de rentabilidad, y sí si se habla de ello en la organización pública? ¿Por qué es un problema el absentismo en la empresa privada y no en la pública? ¿Por qué un trabajador de una empresa privada no trabaja en la competencia y los de la pública sí?

Dice el Decreto " *En el Sistema Nacional de Salud, la gestión y la administración de los centros, servicios y establecimientos sanitarios de protección de la salud o de atención sanitario o socio sanitaria podrá llevarse a cabo directa o indirectamente mediante cualquier entidad admitida en derecho, así como a través de la constitución de consorcios, fundaciones u otros entes dotados de personalidad jurídica, pudiéndose establecer acuerdos o convenios con personas o entidades públicas o privadas y fórmulas de gestión integrada o compartida".*

Se da paso a gestionar el servicio público sanitario, o socio sanitario, al amparo de cualquier forma admitida en derecho, eliminando controles. No hay que olvidar que cualquiera de las formas posibles de gestión tendrá financiación pública. Lo que se hace posible es la separación del financiador y el prestador del servicio.

Al **financiador** debe quedarle claro que la parte financiera está saldada y sin deuda para poder optar por otra forma de gestión que mejore aquella bajo la que se ha prestado el servicio. Al **prestador**, que la financiación es suficiente y que bajo un estricto control de la inspección pública sus beneficios se ajustan a lo normal, que el servicio no se resiente y cumple con toda la legalidad vigente y con el contrato firmado para poder prestarlo.

La bondad del servicio no depende del prestador sino del sistema en sí. La diatriba está entre prestar el servicio directa o indirectamente mediante empresas privadas.

Prestar el servicio público por el gestor privado no es más barato que hacerlo por el público, ha de hacerse, al menos, con las garantías que se venía prestando, y la empresa tiene que ganar, que es su objetivo. Por otra parte, deberían emplearse más medios de inspección para vigilar la prestación porque la empresa tiene por fin el beneficio.

La razón está en la desconfianza de la sociedad en lo público inducida por los políticos como elemento de captación de votos. La confianza se deposita en el sector privado sin excesivos argumentos, para ello en las CCAA se ha invertido en publicidad y propaganda por los gobiernos que predican una cosa y hacen otra.

Se ensayan fórmulas híbridas, pero deben ensayarse las que pueden contemplar el beneficio del servicio público desde la incompatibilidad y la rentabilidad, desde el cumplimiento de objetivos, desde el apoyo de los sindicatos para vigilar el absentismo, desde el ámbito del sentimiento de la propiedad y la pertenencia.

Las fórmulas no son buenas o malas en sí mismas, pueden mejorarse pero no deben desdeñarse porque el péndulo del reloj haga inservibles en un momento los ensayos realizados, su coste puede resultar enorme.

Abordar la cuestión de las **Fórmulas de gestión** ha de hacerse desde el punto de vista de no limitar las prestaciones.

El Decreto pretende impulsar la autonomía de gestión en los centros asistenciales, a la vez que pone bases para separar el prestador del servicio del financiador del mismo. Se estima conveniente diversificar la planificación, la financiación, la compra y provisión de servicios, asimismo dotar a los centros con facultades de decisión efectivas mediante órganos de gobierno operativos y participativos, sin perder de vista la forma en la prestación del servicio, sin dejar de lado la calidad, la gratuidad, ni la concepción del servicio público sanitario como tal. Se pretende caminar hacia la autonomía de gestión efectiva, pero no se termina de asumir esta posibilidad. Debe introducirse el concepto de responsabilidad por la gestión. ¿Quién asume el déficit si lo hay?

Para analizar la causa y el propósito de las formas de gestión planteadas ha de acudirse a dos premisas:

. La huída del Derecho Administrativo, aspiración unánime desde la configuración de éste como el de utilización por parte de la Administración.

. Las conclusiones de la denominada "Comisión Abril" son contundentes en la calificación negativa que hace del derecho como base del funcionamiento de las organizaciones públicas que prestan el servicio "...*el SNS está orientado básicamente al cumplimiento de los procesos formales de la función pública, antes que al logro de altos resultados mediante empleo óptimo de recursos de gran cualificación*".

Se utilizan palabras grandilocuentes.

¿No se trata de adaptar la organización a las necesidades que vayan surgiendo al ritmo de la historia? ¿Cómo es posible que en un tiempo de menos recursos tenga funcionalidad lo público y en los de más no? ¿No será que no creer en lo público es moda? ¿No son las personas quienes ejecutan el servicio en lo público y en lo privado? ¿No será cuestión de reformar los privilegios de clase y enfocar el servicio con imparcialidad y aséptica para no generar diferencias?

. Constata el informe la existencia de un **financiador**, que siempre será el mismo, el **Estado**. Plantea la separación entre **financiador y provisor**, y diferencia las funciones como base de un mayor éxito en la prestación del servicio sanitario, bajo la forma siguiente:

. Financiadores: Estado y Comunidades Autónomas.
. Comprador de servicios: Áreas de Salud
. Proveedores de servicios: Hospitales, Centros de Salud, Médicos en Equipo o de forma individual, oficinas de farmacia, empresas concesionarias, clínicas privadas, etc.
. Clientes: Los usuarios.

La propuesta puede generar un mercado interno sanitario que aporte una cierta competitividad entre los proveedores de los servicios, que en definitiva mejoraría la calidad y el coste. Pero sigue sin despejarse la cuestión ¿Quién y cómo responde del déficit que se produzca en la prestación del servicio?

Respecto a la juridicidad del INSALUD la conclusión es del orden siguiente: *"El INSALUD actúa de acuerdo a principios ajustados al derecho público incapaces de impulsar, en términos jurídicos correctos, el dinamismo y agilidad necesarios para la gestión de la asistencia sanitaria".*

El derecho público podría servir eventualmente para las funciones de financiación y compra pero de ninguna manera para adecuarse a la gestión. Parece desajustado a la realidad. No es cuestión de prejuicios y de deslegitimar una parcela del derecho sino de añadirle algo, la exigencia de comportamiento debido que para eso se gestiona dinero público. De otra forma, ¿Cómo es posible que la sanidad pública sea referente de la privada?

Y concluye: *"Los hospitales y otros centros de servicios sanitarios podrían transformarse en sociedades estatales que, en su funcionamiento, quedarían sometidas a derecho privado. Esta situación haría posible la autonomía responsable de la gestión y la posibilidad y motivación para captar otros ingresos adicionales".*

Los ingresos adicionales no se dan en la realidad o son muy escasos, son un brindis al sol, basta analizar las cuentas de la mayoría de Fundaciones en España que funcionan con subvenciones de entidades públicas. ¿Habría exigencia de responsabilidad a la empresa y sus gestores? ¿Quién cubre el déficit si lo hay? ¿Será distinta la sutura suministrada?

Hubo un tiempo lleno de cantos de sirena povocados por el ánimo de figurar a costa del Estado que sólo resultó exitoso a corto plazo, las sirenas se quedaron varadas en las playas de los discursos, la realidad así lo demuestra.

La primera obligación de quien pretenda disertar sobre esta cuestión es decir que no es la panacea. Las formas de gestión han sido, y son, diversas en la prestación de los servicios públicos. En la prestación no hay diferencia entre pública o privada. Para la sociedad es más ventajosa la pública aunque haya que revisarla.

Prestada la asistencia en igualdad de condiciones no existe gran diferencia en el coste de los diversos prestadores. Hubo un caso curioso en España, el traspaso realizado con efectos de 1 de enero de 2002 del resto del INSALUD no transferido a las Comunidades dejó al descubierto que una entidad fundacional de mucho prestigio tenía un déficit acumulado igual o mayor que los hospitales públicos. Esto puede traer causa del adagio dicho al principio "La salud no tiene precio". Pero lo cierto es que la utopía surgida de la forma de prestar el servicio es una falacia. Pueden analizarse otros casos, la respuesta no varía mucho.

Lo que hay que plantear es el gasto y adaptarlo al ingreso. La sanidad puede tener un coste ilimitado imposible de cubrir. Es cuestión de racionalizar antes que llegar a racionar. No se trata de cortar sino de no romper.

Otra de las cuestiones a tener en cuenta cuando se inicia un debate de este estilo es analizar cómo va la reforma de la reforma de la reforma. Es loable reformar pero no lo es estar en reforma permanente, se produce una distorsión de todo y el acaparamiento de argumentos para salir del paso y hacer descansar las ineficiencias del sistema en otros.

Respecto a lo público, no hay valientes que digan dónde están los puntos débiles del sistema y, encima, olvidan los fuertes. La novedad por la novedad es un bien precario, sin arraigo, al primer soplo de viento se desmorona. Es imposible tanta distancia en los planteamientos de gobierno y oposición. No obstante lo anterior cabe analizar desde el ámbito técnico diversas formas de gestionar los servicios públicos.

El informe Abril de 1991 establecía recomendaciones:

. Separar la financiación y la provisión de servicios.
. Reforzar las competencias de la dirección.
. Establecer algunos elementos de flexibilidad económica.
. Introducir mecanismos de motivación e incentivación
  y conseguir la implicación en la gestión de los centros.
. Los presupuestos tienen que ser realistas, ciertos,
  rigurosos, y asociar la actividad al coste.
. El presupuesto tiene que ser prospectivo, basado en
  estudio, datos y acuerdos, en contratos de gestión, etc,
  pero ocurre que esto no traslada responsabilidad a las
  partes. El presupuesto ha de ser ejecutado sin devíos.
. Es precisa la inclusión de instrumentos de medición y
  criterios de calidad.

Comentario. Algunas de estas propuestas, a la vista de la historia, estaban fundadas en la idea que ha primado durante años en lo relacionado con el gasto sanitario, se creía que el sistema era sostenible por sí mismo, sin necesidad de recurrir a medidas de sentido común.

Básicamente, los presupuestos no eran realistas, los datos históricos que reflejan las cuantías inciales y finales de cada ejercicio lo han ido dejando claro, sólo hay que acudir a los informes de los Órganos de Control de Cuentas. La prisa por conseguir derechos sociales que otros países del entorno tenían ya, y la de poder trasladar a los votantes como reales las promesas que desde los gobiernos se venían haciendo dieron como resultado estas diferencias. El gasto sanitario fue por encima de los datos del crecimiento del PIB, Producto Interior Bruto, y de la inflación.

La separación entre financiador y provisor del servicio sanitario fue real desde la aprobación de la Ley de Sanidad de 1986. La sanidad pública contó siempre con los medios de la privada dándose la colaboración entre ambas. Tal vez lo que se pretendía era dividir las tareas según la teórica capacidad de los sujetos intervinientes en el servicio, de tal manera que el Estado corriera con el gasto y otros agentes realizasen las actividades necesarias para prestar el servicio a la población.

Esta cuestión presume que el Estado no es sujeto capaz de prestar servicios, en cuyo caso tampoco lo será ninguna otra organización porque todas están compuestas por personas.

Más allá de sutiliezas que pueden ser de tipo organizativo, lo que importa es analizar y comprobar si desde el Estado el servicio sanitario se realiza con equidad y a un coste razonable y asumible.

La parte esencial es la que se refiere a las personas dentro de la organización puesto que son ellas quienes le dan vida.

Como en todas las organizaciones, lo importante es que el personal esté identificado con su misión a través de las tareas que ejecuta. Si cada uno de los trabajadores de la organización la cree y la siente suya ejecutará su misión con plenitud. Para ello habrá que establecer elementos de medición, los justos, y no permitir que la información haga perderse en detalles que no aportan nada a la toma de decisiones, y una estructura de pago justa que premie el trabajo bien hecho.

La diferenciación entre financiador y provisor ha parecido más una apuesta por la empresa privada que ha logrado poner en tela de juicio la organización y la capacidad pública, que una verdadera solución porque ha hecho convivir el sistema público y privado sin delimitaciones nítidas y diferencias que han podido deteriorar la equidad.

Han pasado muchos años desde el Informe Abril y aún se habla de él como si el tiempo no hubiera transcurrido y las situaciones fueran las mismas. Aunque pudiera ser válido el resumen, la organización sanitaria debe estar en continua vigilancia para su mejora.

Después de una planificación a largo plazo, que es lo que hizo la Ley General de Sanidad, procede un análisis continuo dada la importancia para la sociedad y el cambio permanente de herramientas que la tecnología y la ciencia ponen en manos de los profesionales médicos, sujetos de la planificación y supervisión del sistema junto a un grupo de profesionales técnicos economicos, jurídicos, informáticos, de organización y dirección, dando cuenta a los responsables políticos pero sin sus directrices.

Prestación del servio directamente:

Se hace bajo dirección del responsable del Departamento que tiene la competencia otorgada por la legislación.

Los parámetros de la prestación son los siguientes:

. Régimen Jurídico: Derecho Administrativo.
. Régimen de Personal: Estatutos del Personal, básicamente Derecho Administrativo.
. Régimen de Contratación de suministros y servicios: Derecho Administrativo.
. Régimen Presupuestario: LGP, Ley de Hacienda Pública.
. Órganos de toma de decisiones: individuales, nombrados por el Consejero.

El ejercicio de la prestación se realiza con directivos de la propia organización, o ajenos con contratos de alta dirección.

La administración debería fijarse un objetivo de formación de directivos de la propia organización, pues es conveniente fijar los conceptos de pertenencia y propiedad, además de otras cuestiones determinadas como la promoción que supone para las personas de dentro. A veces se repite el pensamiento, tan antiguo como la existencia de cualquier organización, de que "la inteligencia venida de fuera es mejor que la que hay dentro", es falso.

La parte negativa viene determinada por la falta de esos sentimientos auspiciada por la propia organización.

¿Lo público es de alguien? Mientras que se vea la organización como algo impersonal, a la que se le exige mucho y se le entrega lo justo, la prestación del servicio estará en precario .

Es interesante mirarse en el espejo de otras empresas para obtener una idea de la nuestra y corregir si cabe.

La forma de trabajo es burocrática, se están introduciendo incentivos y objetivos con el fin de potenciar optimización de los recursos económicos y humanos. Los males de que adolece el sistema pueden venir originados por la mala interpretación de los actores del sistema, gobierno, sindicatos, trabajadores y usuarios.

Desde el punto de vista de la organización, la posibilidad de cambio es acentuada, la permanencia en los puestos de dirección habitualmente es corta.

Por otra parte, los objetivos de las personas que ejercen la dirección suelen tener un componente ideológico y a veces se tira por tierra lo hecho por el anterior simplemente porque hay que hacer algo distinto, que se note, o porque quien le precedió en el mando es a juicio del nuevo directivo persona poco cualificada o contraria a sus ideas.

Se palpa ley de mínimos, falta de entusiasmo y entrega junto a la relajación del sentimiento de pertenencia. De control de horario y productividad no se puede hablar, el hacha de guerra se enarbola con rapidez. Los derechos son los derechos, pero ¿Hay algún trabajador de una empresa que no fiche, a quien no se le controle su horario?

Desde el punto de vista sindical, las reivindicaciones no suelen admitir contrapartidas, da la sensación de que estas organizaciones son ajenas a lo público, sólo hay derechos.

No hay colaboración entre las partes de la organización. Cada uno de los agentes dirige sus fuerzas hacia un lado que suele ser opuesto al de los otros. Tal vez uno de los orígenes sea el hambre de rapidez en cada uno de los sectores, prisa por llegar, por conseguir una posición de fuerza frente a la propia organización que se percibe como un sujeto del que obtener beneficios.

No hay consenso, se pretenden constantes imposiciones, si no se consiguen se sigue en el empeño. El coste económico se obvia, no importa, todos piensan que no es su responsabilidad a excepción, claro, del gobierno de turno.

Las formulas que se aplican para la gestión son las que se utilizan en cualquier organización, las diferencias están en la implicación de las personas.

La formación de los mandos de las entidades públicas no es distinta de la de quienes dirigen otras, antes al contrario, es posible que estén más preparados. Es más difícil dirigir en el sector público que en el privado, la disciplina debida ha de ganarse en lo público por la dirección, en lo privado viene dada. La preparación no es menor como se pretende hacer creer. Los profesionales mejor preparados suelen estar en lo público o tener su origen en él, disponen de más medios para su preparación.

La organización suele ser descentralizada, por servicios, próxima aunque no sea muy común admitir este hecho. Cada día se dirige más por equipos y consenso, sólo falta un paso, pagar objetivos con coherencia.

Debe crecer la gestión y trabajar por objetivos, asumir más riesgo y participar con más esfuerzo y dedicación.

Prestación del servicio de forma indirecta.

En la actualidad, tomando como punto de partida la Ley 15/97 de 25 de abril, por la que se habilitan nuevas formas de gestión del Sistema Nacional de Salud y el artículo 111 de la Ley 50/1998, de Medidas Fiscales, Administrativas y de Orden Social, es posible gestionar Servicios Públicos Sanitarios con variedad de instrumentos. La normativa permite gestionar con diversidad, consorcios, empresas, contratos de gestión de servicios, conciertos para servicios determinados.

La pretensión de mejorar es consustancial a la sociedad. En el ámbito sanitario es manifiesto el aumento de la demanda de servicios y del gasto, no así del presupuesto. La cobertura del coste dinámico no es efectiva, esto hace que el gasto se acumule en forma de deuda. La constatación del incremento de gastos sin el acompañamiento del ingresos ha sido uno de los motores de la discusión sobre la aquilatación de la gestión, pretendiendo obtener recursos necesarios para hacer frente al coste del servicio.

Lo cierto es que el esfuerzo no palia las diferencias. Desde este punto de vista, han de examinarse todas las formas de gestión posibles sin dejar ningún aspecto de lado como es normal oír en la mayoría de los foros de opinión a los que acuden gentes entendidas.

Ninguna forma de gestionar, ningún instrumento es una panacea, eso sólo existe para los políticos. Las estructuras las hacen las personas, llámense como se llamen. Bien es cierto que hay diferencias, pero éstas existen porque se consienten. En la actualidad hay crisis de estructuras, recursos, referentes y valores que hacemos, permitimos y potenciamos.

La utilización de los diversos instrumentos para la gestión depende de varios factores, en unos casos será determinante no querer personal sujeto al régimen estatutario, en otros la posibilidad misma de aplicarlo, por ejemplo, el consorcio sólo puede nacer si se quiere conveniar entre dos administraciones públicas, o combinados entre ellos. Una idea a tener en cuenta es clara, la ventaja de la huída del Derecho Administrativo es relativa.

En cuanto al **régimen administrativo contable,** todas las formas de gestión tienen un sistema de información, sabiendo las diferencias no existe problema en tomar decisiones a partir de su análisis.

En el **régimen de contratación,** la diferencia está en el procedimiento para elegir a quien haya de prestar servicios y suministros, en unos casos la rapidez puede representar una ventaja amortiguada por la planificación. La forma de gestión que utiliza el Derecho Administrativo tiene mayores ventajas, garantías, transparencia y conocimiento para que todos los que puedan concurrir lo hagan si lo desean, a no ser que se conculquen sus principios.

Los **órganos de gobierno** suelen ser colectivos y adoptan las decisiones por mayoría.

Conciertos para la prestación de determinados servicios de asistencia, transporte, etc.

La Ley 14/86, General de Sanidad, establece en su art. 90 que: "*Las Administraciones públicas sanitarias, en el ámbito de sus respectivas competencias, podrán establecer conciertos para la prestación de servicios sanitarios con medios ajenos a ellas*".

La Ley exige previa y óptima utilización de los recursos propios.

Al concertar se tendrá en cuenta que las entidades con las que se concierte carezcan de ánimo de lucro. Habla el artículo de las condiciones de homologación mediante protocolo del centro con el que se concierte, y la fijación de los costes, sin perder de vista que la prestación del servicio será en igualdad para los receptores.

Estamos ante una figura contractual que se utiliza porque la administración sanitaria no cubre todo el servicio, pero ella es quien fija las reglas base de calidad y requisitos y tiene en sus manos la inspección del servicio. El contrato se formaliza con las empresas mediante lo estipulado en la Ley.

Contrato de gestión de servicios públicos.

Carácter del contrato: administrativo.

Fundamento: ley de Contratos del Sector Público.

Objeto: gestión indirecta por concesión administrativa de la prestación de asistencia sanitaria integral, ambulatoria y primaria. En la Comunidad Valenciana, Alzira, Torrevieja, Denia, Manises y Elche-Crevillente.

El contrato incluye la construcción del edificio a costa de la empresa adjudicataria según el Proyecto de Ejecución. El Hospital se integra en la red pública, con afección al dominio público propia de toda concesión administrativa en virtud del derecho de reversión de bienes, instalaciones y equipamientos afectos a dicha concesión.

Pago de contraprestación: cantidad por cada persona con derecho a recibir asistencia en el área de cobertura que le es propia, con carácter anual.

Peculiaridades.

Personal: el contratado por la empresa y el que depende de la Conselleria bajo la dirección funcional de la empresa y orgánica del Comisionado, enlace entre ambas instituciones que acepta o deniega propuestas de ingresos de personas de fuera del área, vigila la calidad y el servicio. Una Comisión de Control analiza el nivel de los servicios, el cumplimiento del contrato y define controles de calidad.

Factor de facturación: los servicios prestados por la Conselleria al Hospital, se facturan al precio tasado para cada uno de los procesos según las tarifas existentes. La facturación de la empresa concesionaria a la Conselleria se hace al precio fijado descontando un 20% de las tarifas.

Coordinación de los Servicios de Salud para la prestación de la asistencia sanitaria en píe de igualdad para los ciudadanos, ley de Cohesión y Calidad del Sistema Nacional de Salud, 16/2003, de 28 de mayo.

Partiendo de una financiación equitativa para los sujetos activos de la prestación, hay que fijar un sistema no lesivo para quien atienda a personas para las que no tiene financiación. No puede permitirse que un sujeto prestador asuma coste de servicios que no corresponden a la población para la que recibe la financiación.

Objetivo: garantizar el derecho de igualdad en la salud y en la asistencia sanitaria conforme a principios de solidaridad, equidad, cohesión, eficiencia y participación de los ciudadanos.

Otras notas al respecto de lo sanitario.

La población piensa que su salud está relacionada con el consumo de asistencia médica. Esto no es plenamente cierto pues depende de una serie de factores más amplios que los meramente médicos, genética, educación sanitaria.

La escasez, más demanda que oferta, es situación habitual en el sistema público de salud. Las necesidades médicas son expansibles, en sanidad la oferta crea su propia demanda, que difícil adecuar los recursos públicos al galopante consumo de servicios sin coste percibido.

Dado lo anterior, hay que situarse en la realidad española y analizar si el gasto sanitario es proporcionado a su riqueza. ¿Se gasta más de lo que se tiene? ¿Se gestiona con corrección?

La asignación para el gasto sanitario anual por encima del crecimiento del PIB es desmedida si se suceden presupuestos correctos.

La innovación es vocación del presente y la mejor garantía del futuro. Hemos de involucrarnos para hacer más eficaz la prestación sanitaria y elevar su calidad.

La grandeza del Estado radica en la eficiencia del servicio y en la capacidad para integrar al conjunto de la sociedad.

A estas alturas del tiempo, después de tanto esfuerzo y sacrificio, el resultado no puede ser aceptar como inevitables la injusticia y la desigualdad.

De la habilidad y firmeza para conjugar oportunidad, desarrollo económico, solidaridad, competitividad, apoyo al espíritu emprendedor, no discriminación, eficacia e igualdad depende la consolidación del Estado de Bienestar y su garantía de funcionamiento para generaciones futuras.

Mantener el sistema sanitario, con las modificaciones que sean oportunas, conservando sus características de acceso equitativo a servicios de calidad, sin barreras ni distingos por razón de nivel de renta, del estado de la salud, de la edad, del sexo o de cualquier otra condición, debe ser el norte que guíe las reformas. **No se habla de un modelo de sanidad, se habla de un modelo de sociedad.**

El sistema sanitario en España es el elemento de mayor cohesión social, es el país de la UE donde menos diferencia hay entre la población con mayor y menor renta.

Con la universalización en 1989 se produjo una gran tensión en el sistema al asumir la prestación sanitaria gratuita de un 17% de la población que no tenía derecho a ella.

La tarea del cambio sanitario exige:

. Directivos capaces, profesionalizados, comprometidos con el sistema, motivados, incentivados y bien pagados.
. Vincular las funciones clínicas y de gestión, sin convertir a los médicos en empresarios.
. Tener gente con los pies en la tierra pero con capacidad de soñar.
. Pasar de la organización mastodóntica a la de dimensiones pequeñas, especilializadas y manejables.

La Dirección debe promover la confianza de la comunidad hospitalaria, es preciso el consenso. Para ello ha de procurarse información, debate, contraste de ideas, dar cuenta de los resultados que han de ser premiados y reconocidos, apoyar los debates y los liderazgos que surjan. En la medida en que la dirección aumente el número de profesionales implicados se estará logrando atraer al personal en la reforma precisa.

Es tarea gerencial lograr que se imponga en el hospital la ética del esfuerzo y comportamiento ejemplar con las debidas recompensas.

Los Planes estratégicos deben ser discutidos, impulsados y consensuados por los profesionales, sus resultados tienen que ser públicos y su gestión descentralizada para implicar a los equipos.

Alternativas.

. En la sanidad privada se trabaja a turnos, rentabilizar las instalaciones lo requiere. En ella participan profesionales que trabajan en el sector público.

. Esos profesionales se han formado en instituciones del Estado, se reciclan a su cargo y ocupan puestos de trabajo del catálogo reservados a funcionarios o servidores públicos.

. Los profesionales son trabajadores de una empresa que les paga sueldo y Seguridad Social, pero pueden trabajar en otra.

. El análisis de resultados en lo público y en lo privado arroja diferencias. A pesar de que en el sector público hay más personal y medios, la actividad se realiza fundamentalmente por las mañanas.

Visto lo anterior cabe plantear cambios hacia la mejora y la sostenibilidad:

. Trabajar a turnos en los hospitales públicos.
. Pactar retribuciones y rendimientos con los profesionales pasando a **pagar por hacer.**
. Eliminar el numerus clausus de las universidades públicas de medicina. El interés general ha de tener más peso que el de los lobbys o grupos de presión.
. Incompatibilizar la actividad pública y la privada.
. No pagar guardias a los liberados sindicales, ni guardias de atención localizada salvo excepciones debidamente justificadas con actividad.
. Cumplimiento de horarios y pago de horas extras, en su caso.
. Involucrar a los profesionales que han de creerse la organización y sentirla como propia. Para ello hay que cuidarlos, contar con ellos, valorarlos como lo que son, el motor de la organización.
. **Despolitizar la gestión**.

Ha de procurarse sosiego en los planteamientos y hacer que prime el sentido común para que se hable menos y se haga más. Hablar mucho quiere decir que se intenta vender.

Cuando esto ocurra hay que pensar que los líderes de la organización no lo son. Se hacen experimentos con gaseosa, si uno no vale se le sustituye por otro, el caso es decir, pervivir, estar en los medios...

. Fijar bien la responsabilidad, recuperar la ilusión y la entrega, conseguir una organización serena y eficiente, de referencia y valores claros, capaz de priorizar sin riesgos para la población y conseguir aplicar el servicio público con equidad.

Se trata de hacer sostenible el sistema, pieza esencial del Estado de Bienestar, y

. Planificar el futuro y revisarlo de forma permanente, controlar el presente para tener claras las desviaciones y corregir situaciones traumáticas en la sociedad.
. Analizar el coste efectividad de las actuaciones y ver si se puede lograr lo que se pretende con el presupuesto afecto a la actividad.
. Revisar el discurso expansionista del servicio público y adecuarlo a los ingresos que se le destinen.
. Informar con veracidad a la población.
. Incentivar la actividad eficiente y premiar el control de la demanda.
. Implantación de protocolos consensuados.
. Auditoria permanente aleatoria de la actividad clínica y de la económica para utilizar los mismos criterios en todas las unidades donde se realizan , así como de los procesos en personal.

. Análisis de los pacientes con derecho a gratuidad y los que no la tengan.

. Revisión de todos los Conciertos.

. Analizar la necesidad de la prestación externa y sus alternativas internas, su extensión y precio: transporte, oxigenoterapia domiciliaria, oncología, diagnóstico por imagen ...

. Revisión de las Concesiones y rescate, en su caso.

. Revisión de los contratos de empresas en el ámbito de asesoría y de la Informática.

La creación de un cuerpo de informáticos puede evitar la dependencia de empresas cuyo fin es el beneficio económico, lo que éstas hacen se supervisa por los funcionarios, el campo de aprendizaje es la Administración que paga sus servicios a precios superiores al coste con medios propios.

. **Concienciación ciudadana del gasto** a través de foros públicos y espacios televisivos.

. Revisión de todas las subvenciones.

. Potenciar los motores de la organización, formar buenos equipos directivos estables y bien pagados.

Finalmente, al objeto de potenciar actividades privadas que descongestionarían servicios públicos, debe retomarse la implantación del descuento en renta por gastos sanitarios que conllevaría más control fiscal sobre la economía sumergida y aumentaría los ingresos del Estado.

Felipe López Moreno

. Nació en El Cañavate, Cuenca.
. Licenciado en Derecho por la Universidad
  de Valencia.
. Ex - funcionario de la Generalitat Valenciana.
. Jubilado.